ACORDESDEGUITARRA
ENCONTEXTO

La guía práctica para entender y usar todos los tipos de acordes

JOSEPHALEXANDER

FUNDAMENTALCHANGES

Acordes de guitarra en contexto

La guía práctica para entender y usar todos los tipos de acordes

ISBN: 978-1-910403-96-9

Edición en español

Publicado por **www.fundamental-changes.com**

Traducido por: E. Gustavo Bustos

El derecho moral de este autor se ha reconocido.

www.fundamental-changes.com

También por Joseph Alexander

Audio grabado por Pete Sklaroff y disponible en

www.fundamental-changes.com/audio-downloads.

Foto de portada: ShutterStock Petr Malyshev

Contents

Introducción a la primera parte

En más de veinticinco años como guitarrista, me he encontrado con muchos diccionarios diferentes de acordes que prometen mostrar *todos* los acordes que se pueden tocar en la guitarra. Algunos de estos son tomos enormes que probablemente hacen exactamente lo que prometen, aunque siempre me ha parecido que la mayoría de ellos son muy poco útiles.

Estos diccionarios de acordes pueden estar bien organizados y haber sido investigados exhaustivamente, pero siempre he encontrado que, si no muestran algún tipo de aplicación práctica para utilizar el acorde, siempre han proporcionado un beneficio limitado.

Después de algunas experiencias similares me di cuenta de que, en lugar de buscar un libro de acordes, la mejor forma de usar mi tiempo era aprender cómo se construyen y se nombran los acordes y cómo funciona el diapasón de la guitarra en términos de la ubicación de intervalos y notas.

Al aprender cómo se construía, de dónde venía, y cómo funcionaba un acorde; y equipado con el conocimiento del diapasón que me permitía ver dónde estaban las notas/intervalos en la guitarra, rápidamente me di cuenta de que nunca iba a necesitar un diccionario de acordes otra vez.

Ahora puedo construir cualquier acorde que quiera al instante porque veo el diapasón de la guitarra en términos de intervalos.

Otra limitación de los diccionarios de acordes tradicionales es que, por lo general, no muestran cómo utilizar un acorde en cualquier tipo de contexto. Está muy bien saber *cómo* tocar un m(Maj7) en cuatro inversiones, pero si no sabes *cuándo* tocarlo, esta información es algo redundante.

En este libro he tratado de dar ejemplos musicales realistas y algún tipo de contexto para cada uno de los acordes discutidos. La mayoría de los acordes aparecen con bastante regularidad y a menudo los verás en gráficos de ritmos, especialmente si estás tocando jazz o fusión. Hay algunos acordes al final del libro que surgen de vez en cuando y son mucho menos comunes. ¡La primera parte de esta serie se organiza en términos de utilidad!

Una última limitación que he encontrado en los diccionarios de acordes tradicionales es la falta de ejemplos auditivos. Si estás aprendiendo un acorde deberías poder *escuchar* si lo estás tocando correctamente. Para ayudar con esto he incluido más de un centenar de ejemplos de audio que se pueden descargar de forma gratuita en **www.fundamental-changes.com/audio-downloads**. Se puede oír cada acorde tocado en al menos tres voicings diferentes y cada ejemplo de progresión de acordes también está grabado para ayudarte a entender musicalmente la función de cada ejemplo.

Esta serie de libros de acordes se divide en dos partes.

La **Primera parte** está diseñada para darte una comprensión inmediata y práctica de cómo se construyen, se tocan y se usan todas las formas de acordes básicos. Cada acorde se discute, analiza y construye a fondo, a partir de principios básicos. Cada acorde se muestra con una fundamental en las cuerdas 6ta, 5ta y 4ta, por lo que siempre tendrás una digitación conveniente para aplicar dondequiera que te encuentres en el diapasón. La primera parte trata de la comprensión, la audición y la aplicación de los conceptos esenciales de la construcción de acordes. Algunas sustituciones comunes básicas se introducen cuando se requieren, ya sea para ayudar a alcanzar las extensiones o para simplificar enormemente una estructura de acorde compleja.

El requisito previo a la primera parte es la capacidad de tocar los acordes de posición abierta básicos, tales como D, G y C, etc. También será muy útil que te sientas cómodo con los acordes con cejilla y con la ubicación de notas sobre las tres cuerdas graves de la guitarra.

La **segunda parte** se centra en las estructuras de acordes específicos, sus inversiones, voicings y continuidad armónica. Cubre los acordes "drop 2", "drop 3" y "drop 2 y 4" en todos los grupos de cuerdas. Cualquier acorde de séptima puede ejecutarse en cuatro inversiones diferentes: ya sea con la fundamental, 3ra, 5ta o 7ma en el bajo. Estos conceptos permiten que haya una gran cantidad de posibilidades de voicings y cientos de maravillosas oportunidades musicales. Suena como un montón de trabajo, pero incluso con unos pocos voicings "drop 2" añadirás rápidamente gran profundidad a tu interpretación de la guitarra rítmica y encontrarás rápidamente que tu visión del diapasón aumenta de manera espectacular.

Cada concepto se enseña de manera musical, tangible y a buen paso, y en todo el libro hay cientos de ejemplos para asegurarte de que estás aprendiendo cada acorde de una manera coherente. La idea es construir "licks" de acordes en torno a secuencias comunes para contextualizar e interiorizar presentaciones musicales útiles.

En la primera parte, es posible que las cosas empiecen a sonar cada vez más a jazz a medida que avancemos a través de los diferentes tipos de acordes. Esto se debe a que la mayoría de los acordes más complejos que tocamos como músicos a menudo se encuentran en este género. Se utilizan muy de vez en cuando en la música rock, pero esto sería la excepción y no la norma. Si el jazz no es lo tuyo, ¡no te desesperes! Los conocimientos adquiridos al trabajar con este libro, en términos de vocabulario de acordes y de libertad en el diapasón, te beneficiarán en gran medida, sean cuales sean tus intereses musicales.

No olvides que tienes todos los ejemplos de audio de este libro gratis en

www.fundamental-changes.com/audio-downloads.

¡Diviértete!

Joseph

Obtén el audio

Los archivos de audio de este libro se pueden descargar de forma gratuita en **www.fundamental-changes.com** y el enlace se encuentra en la esquina superior derecha. Sólo tienes que seleccionar el título de este libro en el menú desplegable y seguir las instrucciones para obtener el audio.

Te recomendamos descargar los archivos directamente a tu computador, no a tu tableta, y extraerlos allí antes de añadirlos a tu biblioteca multimedia. Luego, ya puedes ponerlos en tu tableta, iPod o grabarlos en un CD. En la página de descarga hay un archivo de ayuda en PDF y también ofrecemos soporte técnico a través del formulario de contacto.

Para ver más de 250 lecciones de guitarra gratuitas con videos visita:

www.fundamental-changes.com

Twitter: @guitar_joseph

FB: FundamentalChangesInGuitar

Instagram: FundamentalChanges

Capítulo 1: Teoría básica, tipos de acordes y construcción

Un acorde se define como cualquier grupo de tres o más notas tocadas al mismo tiempo. Normalmente se forman apilando notas de una escala particular, una sobre otra. La mayoría de los acordes de este libro se forman a partir de la *armonización* de la escala mayor.

Para formar un acorde, simplemente superponemos notas alternas de una escala. Por ejemplo, en la escala de C mayor:

C D E F G A B C

Tomamos las notas primera, tercera y quinta (C E y G), y las tocamos en conjunto para formar un acorde de C mayor.

(C) D (E) F (G) A B C

Ejemplo 1a:

Si te fijas, tomamos la *primera* nota C, luego saltamos la nota siguiente (D) y caemos en la *tercera* nota E. Repetimos este proceso, saltamos la cuarta nota (F) y caemos en la *quinta* nota G. Las notas tocadas juntas de esta manera se llaman una *tríada*.

La primera, tercera y quinta notas de una escala mayor forman un acorde mayor. Esto es cierto para cualquier escala mayor. A este acorde se le da la fórmula 1 3 5.

La fórmula 1 3 5 nos da las notas C E y G, sin embargo, podemos alterar cualquiera de las notas para formar un tipo de acorde diferente. Por ejemplo, si *bemolizamos* la tercera, generamos la fórmula 1 b3 5. Usando la nota fundamental C de nuevo, ahora obtenemos las notas C *Eb* G.

Ejemplo 1b:

Como se puede escuchar, esta estructura tiene un sonido muy diferente al del acorde mayor anterior.

Cualquier acorde con la estructura 1 b3 5 es un acorde menor. De hecho, *cualquier* acorde que contenga un b3 se define como un sonido menor.

También podemos bemolizar la 5ta del acorde. La estructura 1 3 b5 no es muy común en la música, aunque a veces ocurre en el jazz. Sin embargo, la estructura 1 b3 b5 se produce con frecuencia. Se denomina un acorde *disminuido* o, algunas veces, un acorde *menor b5*.

La fórmula 1 b3 b5 construida sobre una fundamental de C genera las notas C Eb Gb.

Ejemplo 1c:

Esto puede suponer un esfuerzo para tocar en la guitarra, pero las notas no tienen que ser tocadas en este orden. Se pueden tocar más cómodamente de esta manera:

Ejemplo 1d:

Para lograr este voicing moví el b3 del acorde una octava hacia arriba.

Como se puede escuchar, el acorde disminuido tiene un aire oscuro y siniestro.

Las tres tríadas que has aprendido hasta el momento son:

1 3 5 mayor

1 b3 5 menor

1 b3 b5 disminuido o sólo "Dim"

La mayoría de los acordes que aparecen en la música, sin importar qué tan complicados sean, normalmente se pueden clasificar en uno de estos tipos básicos. Sin embargo, las progresiones de acordes de jazz normalmente se forman a partir de acordes de séptima con sonidos más ricos, los cuales son el foco de este libro.

Hay, sin embargo, una permutación más que surge de vez en cuando: es la tríada aumentada 1 3 #5.

A partir de una nota fundamental de C, las notas generadas por esta fórmula son C E G#. Hay dos tonos entre cada una de las notas del acorde.

Ejemplo 1e:

Dos voicings útiles de la tríada aumentada (Aug) son

Ejemplo 1f:

Por último, hay dos tipos de tríada que *no* incluyen una 3ra. Estos acordes normalmente se llaman "suspendidos" (o sólo acordes "sus"), ya que la falta de la 3ra da una sensación de no resolución a su carácter.

En un acorde "sus" 2, la 3ra es reemplazada por la 2da de la escala y, en un acorde sus4, la 3ra se sustituye por la 4ta de la escala.

En C, las notas generadas por la fórmula 1 2 5 son C D y G

Ejemplo 1g

Csus2

Las notas generadas por la fórmula 1 4 5 son C F y G.

Ejemplo 1h

Csus4

En primer lugar, es importante que aprendas a tocar algunos voicings de acordes útiles de estas tríadas básicas, ya que a veces aparecen en tablas de acordes de jazz, sobre todo en las de los principios del jazz "swing".

En cualquier acorde, es aceptable *duplicar* cualquier nota. Por ejemplo, un acorde mayor podría contener dos fundamentales, dos 5tas y sólo una 3ra. Hubo normas para regular su uso en los tiempos "clásicos", aunque actualmente hay formas de acordes comunes o "agarres" en la guitarra que se utilizan con frecuencia.

Debido a que el enfoque de este libro está en los acordes de séptima, que son más comunes en el jazz, sólo algunas de las formas de acordes de tríada básicos se muestran aquí.

Formas de acordes mayores:

Ejemplo 1i:

Formas de acordes menores:

Ejemplo 1j:

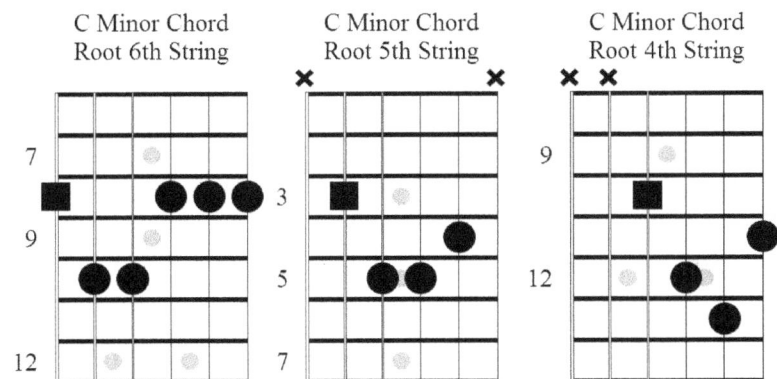

C Minor Chord
Root 6th String

C Minor Chord
Root 5th String

C Minor Chord
Root 4th String

Formas de acordes disminuidos (menor b5):

Ejemplo 1k:

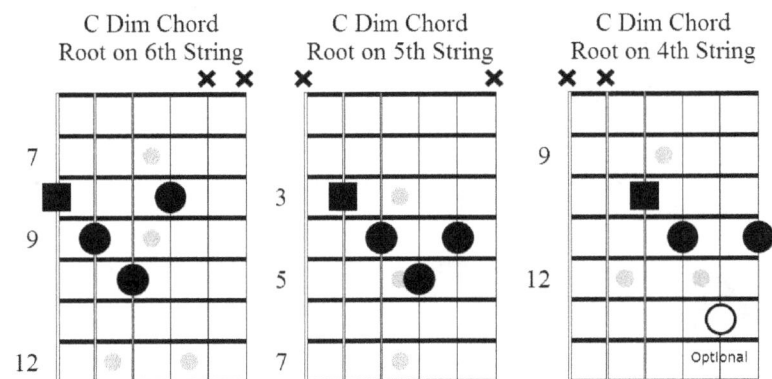

C Dim Chord
Root on 6th String

C Dim Chord
Root on 5th String

C Dim Chord
Root on 4th String

Optional

Formas de acordes aumentados (mayor #5):

Ejemplo 1l:

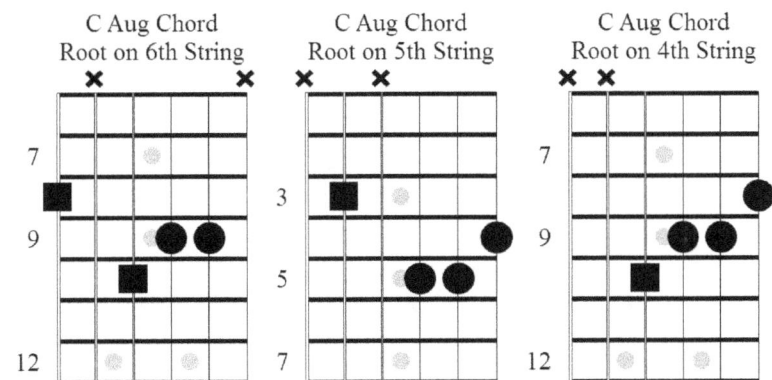

C Aug Chord
Root on 6th String

C Aug Chord
Root on 5th String

C Aug Chord
Root on 4th String

Formas de acordes con 2da suspendida:

Ejemplo 1m:

C Sus2 Chord
Root on 6th String

C Sus2 Chord
Root on 5th String

C Sus2 Chord
Root on 4th String

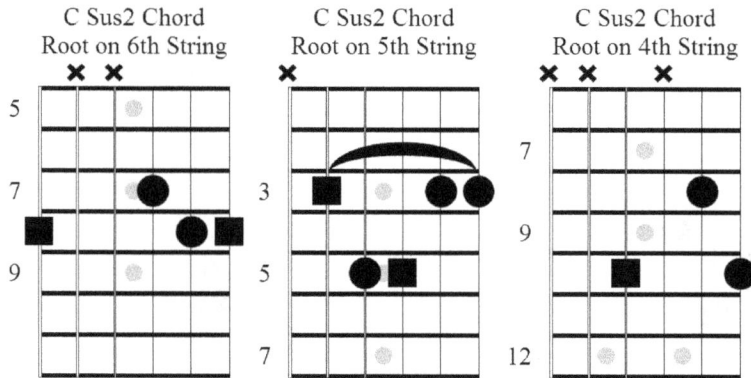

Formas de acordes con 4ta suspendida:

Ejemplo 1n:

C Sus4 Chord
Root on 6th String

C Sus4 Chord
Root on 5th String

C Sus4 Chord
Root on 4th String

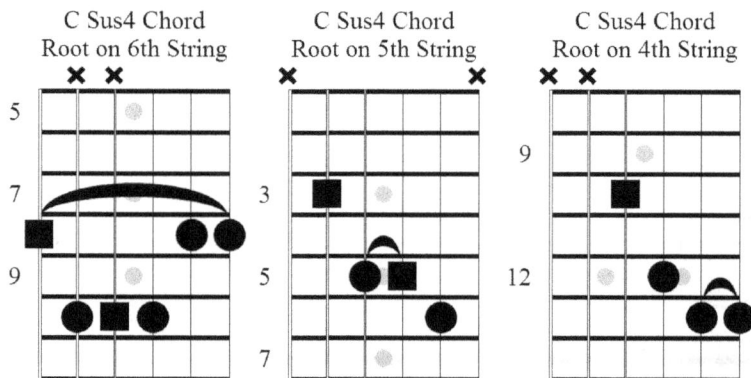

Probablemente ya conozcas la mayoría de estas formas pero, en caso contrario, mi consejo es ignorarlas mientras nos concentramos en los acordes de séptima. Puedes volver a estos voicings como referencia cuando los necesites.

Para crear un acorde de séptima mayor, simplemente extendemos la fórmula "1 3 5" con una nota adicional, de manera que se convierte en "1 3 5 7".

En lugar de C E G, ahora tenemos C E G B:

(C) D (E) F (G) A (B)

Ejemplo 1o:

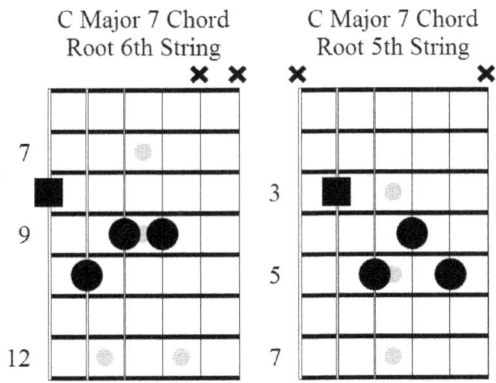

En estos voicings, he cambiado el orden de las notas para que el acorde se pueda tocar en la guitarra. El acorde ahora se dispone como 1 5 7 3.

Como la fórmula del acorde de séptima mayor es 1 3 5 7, podría esperarse que la fórmula del acorde de séptima menor fuera 1 b3 5 7; sin embargo, este no es el caso.

Para crear un acorde de séptima menor añadimos un *b7* a una tríada menor. La fórmula es 1 b3 5 *b7*.

La fórmula 1 b3 5 b7 construida sobre una nota fundamental de C genera las notas C Eb G Bb.

Ejemplo 1p:

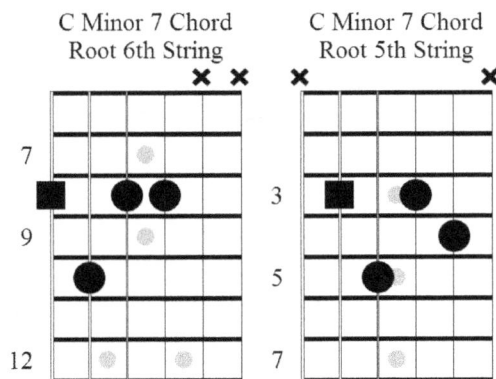

Cm7

Una vez más, las notas en el voicing de acorde más grave se han reorganizado para que se pueda tocar en la guitarra.

Como posiblemente te estés preguntando, una tríada menor con una séptima *natural* en la parte superior 1 b3 5 7 se llama una "séptima mayor menor" o acorde m(Maj7), y vamos a discutir estas estructuras en el capítulo 12, ya que son un sonido importante en el jazz. Se les da este nombre porque son tríadas menores con una séptima *mayor* añadida en la parte superior.

Cuando extendemos un acorde menor b5 para convertirlo en un acorde de séptima, nuevamente añadimos una *b7*; no una séptima natural (7). De hecho, por regla general, si una tríada tiene una b3, es más común añadir una b7 para formar un acorde de séptima de cuatro notas.

Como se puede ver en el párrafo anterior, este no siempre es el caso, así que ten cuidado al aplicar esa "regla".

Un acorde menor b5 (disminuido) con una b7 añadida tiene la fórmula 1 b3 b5 b7 y genera las notas C Eb Gb Bb cuando se construye a partir de la nota fundamental de C. Este acorde se llama "séptima menor bemol 5" o m7b5 para abreviar. También es común referirse a los acordes m7b5 como acordes "semidisminuidos".

Ejemplo 1q:

Cm7b5 Chord
Root 6th String

Cm7b5 Chord
Root 5th String

Cm7b5

Por último, llegamos a uno de los acordes más comunes en el jazz; el acorde de séptima dominante. Se forma añadiendo una b7 a una tríada mayor; 1 3 5 b7. Con una fundamental de C, esta fórmula genera las notas C E G Bb.

Debido a la tríada mayor fundamental 1 3 5, este es un acorde de tipo "mayor", pero la b7 añadida le da un poco más de tensión.

Ejemplo 1r:

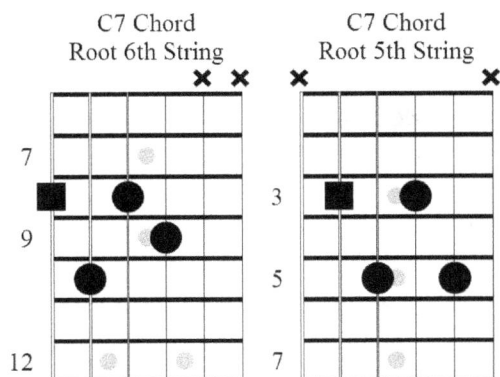

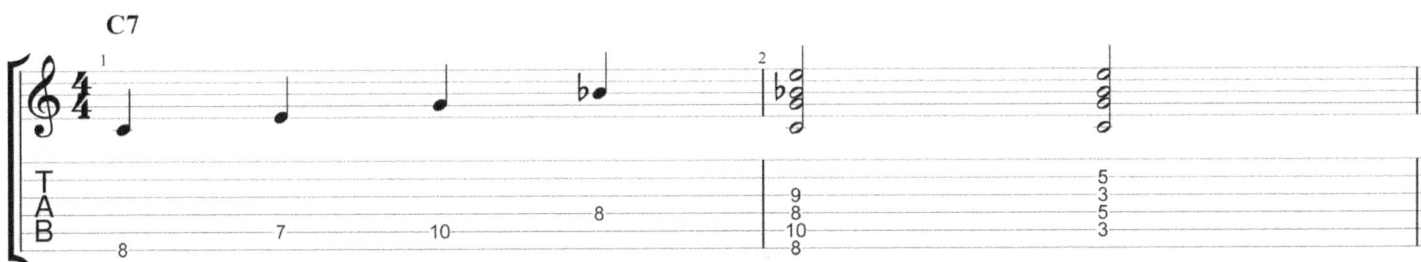

Estos cuatro tipos de acordes se pueden resumir así:

Tipo de acorde	Fórmula	Nombre corto
Séptima mayor	1 3 5 7	'maj7'
Séptima dominante	1 3 5 b7	'7'
Séptima menor	1 b3 5 b7	'm7'
Séptima menor b5	1 b3 b5 b7	'm7b5'

Conforme con el pensamiento moderno, *todos* los tipos de acordes en el jazz funcionan en alguno de los contextos anteriores. Vamos a discutirlo en detalle más adelante, aunque lo que esto significa en términos simples es que incluso un acorde complejo, como C7#5b9, se puede ver en su forma más simple como un C7.

Un acorde C menor 11 se puede simplificar para convertirse en un acorde de tipo Cm7 y un acorde C mayor 9 se puede reducir a un acorde de tipo Cmaj7. Esto es muy útil cuando se ven melodías de jazz desde la perspectiva de los solos. Hay algunas excepciones a estas reglas al tocar acordes y serán tratadas de forma individual.

Esta idea de "tipos" o familias de acordes es especialmente útil cuando estamos empezando a tocar acordes de jazz, o cuando se nos da una tabla de acordes particularmente difícil de leer con poco tiempo de preparación.

Capítulo 2: Voicings de acordes comunes básicos

Ahora que entendemos cómo se construyen los acordes más comunes, podemos empezar a aprender algunos voicings útiles. Los voicings de este capítulo están diseñados para "llevarte a través de la melodía". Son los primeros voicings de acordes de jazz que la mayoría de los guitarristas aprenden y formarán parte de tu vocabulario a partir de ahora.

Vamos a empezar por aprender tres voicings de cada uno de los tipos de acordes fundamentales, maj7, 7, m7 y m7b5; y vamos a aplicarlos a una progresión de acordes de jazz común que utiliza estos tipos de acordes. Es importante que, para este punto, ya sepas dónde están las notas en el diapasón de la guitarra, pues ahora vamos a aprender formas de acordes con cejilla "móviles" de cada acorde.

Por ejemplo, vamos a aprender una forma de acorde "7" con cejilla, y si quieres tocar este acorde como un C7 tendrás que colocarlo de manera que la nota fundamental sea C. Si deseas tocarlo como un F7 tendrás que moverlo de forma que la nota fundamental sea F. Para hacer esto, por lo menos debes estar familiarizado con las notas de las tres cuerdas graves:

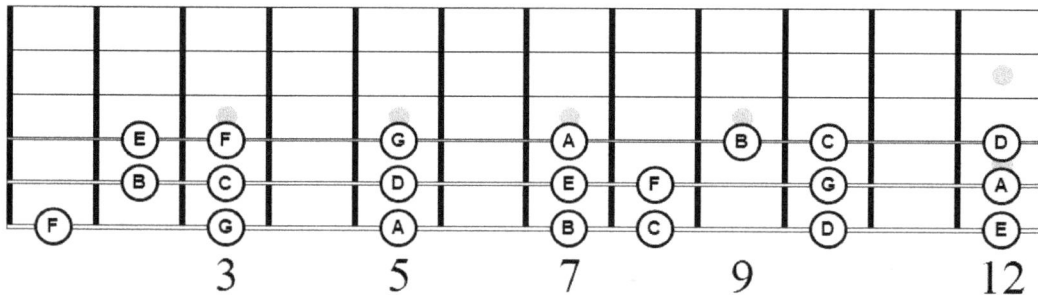

Vamos a aprender a tocar la siguiente progresión de acordes utilizando tres voicings de acordes de jazz diferentes.

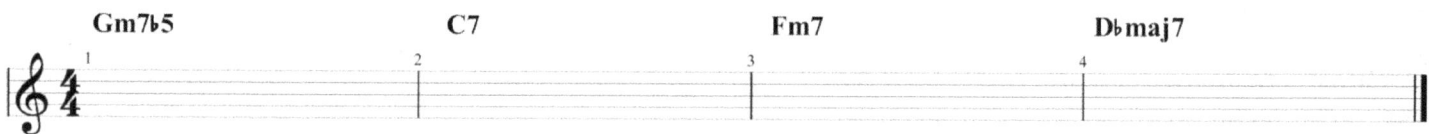

Como se puede ver, esta progresión de acordes utiliza cada uno de los tipos de acordes del capítulo anterior una vez.

Vamos a empezar por aprender voicings de estos acordes que tienen su fundamental en la 6ta cuerda. Los números escritos en las notas son digitaciones sugeridas. Si te resulta más fácil usar dedos diferentes, por favor siéntete libre de usarlos.

Puede que te resulte más fácil tocar el acorde Fm7 "una octava hacia arriba" en el 13vo traste, esto también está bien.

Gm7b5 Chord
Root 6th String

C7 Chord
Root 6th String

Fm7 Chord
Root 6th String

Db Maj7 Chord
Root 6th String

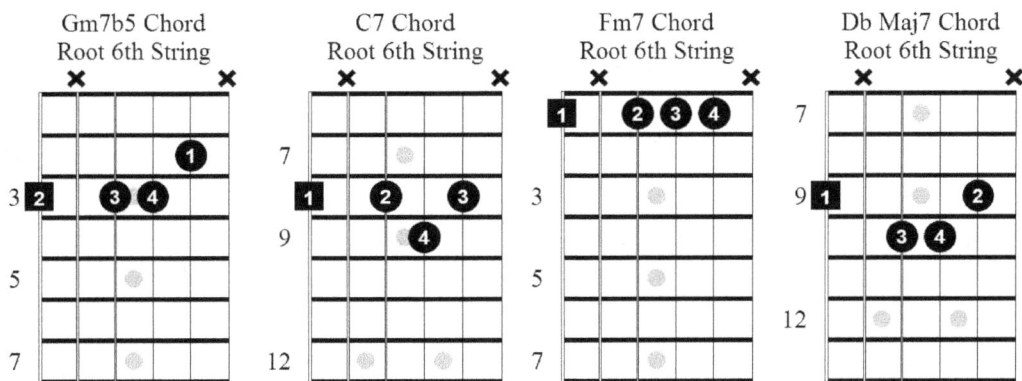

Dedica tiempo a aprender estos acordes y júntalos gradualmente hasta que puedas tocar el **ejemplo 2a:**

Gm7b5	C7	Fm7	Dbmaj7

Notarás que, cuando se utilizan estos voicings de acordes, tu mano se mueve bastante por el diapasón. No te preocupes por esto por ahora, pues cuando tengas algunos voicings más bajo control podrás empezar a suavizar los movimientos.

A continuación, aprende los mismos acordes comunes ahora dispuestos con la fundamental en la 5ta cuerda:

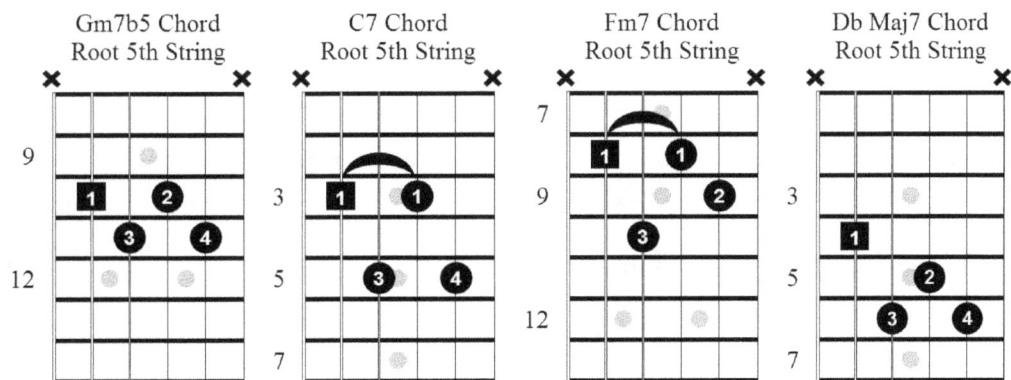

Gm7b5 Chord
Root 5th String

C7 Chord
Root 5th String

Fm7 Chord
Root 5th String

Db Maj7 Chord
Root 5th String

Una vez más, trabaja para tocar la misma secuencia de acordes usando sólo los voicings de la 5ta cuerda:

Ejemplo 2b:

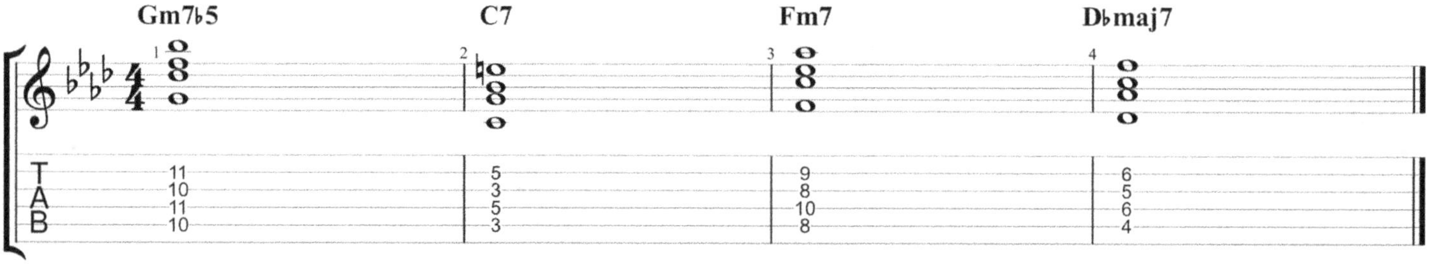

Antes de pasar a aprender estos tipos de acordes con una fundamental en la 4ta cuerda, intenta combinar los acordes de las 6ta y 5ta cuerdas para disponer los acordes más juntos.

Prueba comenzando en la 6ta cuerda para el acorde Gm7b5 y luego pasa al voicing más cercano del acorde C7 cuando hagas el cambio. Siempre busca el voicing más cercano posible cuando cambies de acordes. Una forma de hacer esto podría ser:

Ejemplo 2c:

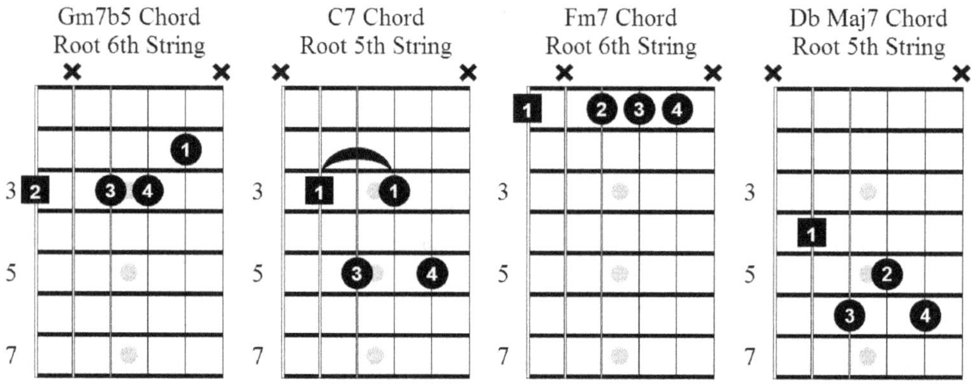

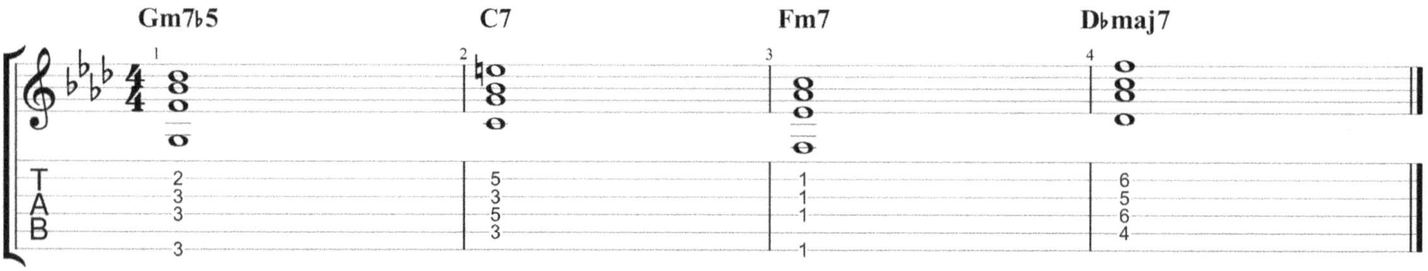

Otra manera de practicar esto es comenzar en el voicing de la 5ta cuerda del acorde Gm7b5 y repetir el mismo proceso.

Ejemplo 2d:

Gm7b5 Chord
Root 5th String

C7 Chord
Root 6th String

Fm7 Chord
Root 5th String

Db Maj7 Chord
Root 6th String

Gm7b5   C7   Fm7   Dbmaj7

Cambiando de cuerdas de esta manera, siempre podemos crear una *"continuidad armónica"* más fluida entre cada uno de los acordes en la progresión de acordes. (La continuidad armónica es la técnica de organizar los acordes de forma que cada nota se mueva la distancia más pequeña posible durante cada cambio de acorde). También es más fácil tocar estos acordes a gran velocidad debido a que nuestra mano no se está moviendo por grandes distancias.

Ahora vamos a ver estos acordes comunes tocados con una fundamental en la 4ta cuerda.

Gm7b5 Chord
Root 4th String

C7 Chord
Root 4th String

Fm7 Chord
Root 4th String

Db Maj7 Chord
Root 4th String

Intenta tocar la misma secuencia de acordes sólo usando estos acordes. Este ejemplo puede ser un poco más difícil, ya que muchas personas no están tan familiarizadas con los nombres de las notas en la 4ta cuerda, como sí lo están con las 5ta y 6ta cuerdas. Tómate tu tiempo y persevera.

Ejemplo 2e:

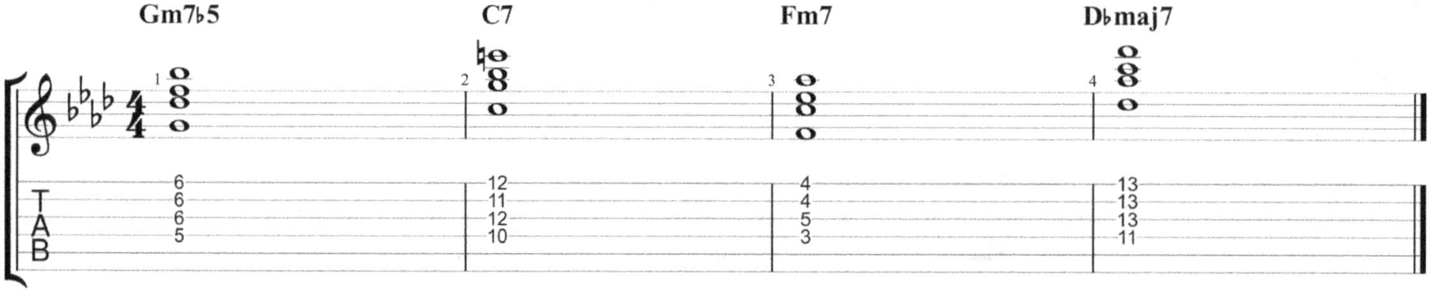

Al igual que antes, estos acordes saltan bastante a lo largo del diapasón, por lo que podemos combinarlos con acordes de la 5ta cuerda para hacer que fluyan más fácilmente.

Trata de iniciar la secuencia de acordes en un Gm7b5 en la 5ta cuerda y luego pasa a un C7 en la 4ta cuerda.

Ejemplo 2f:

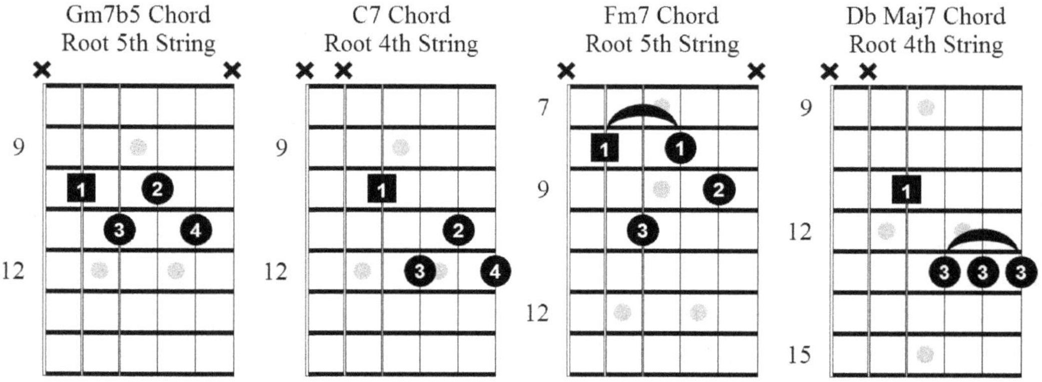

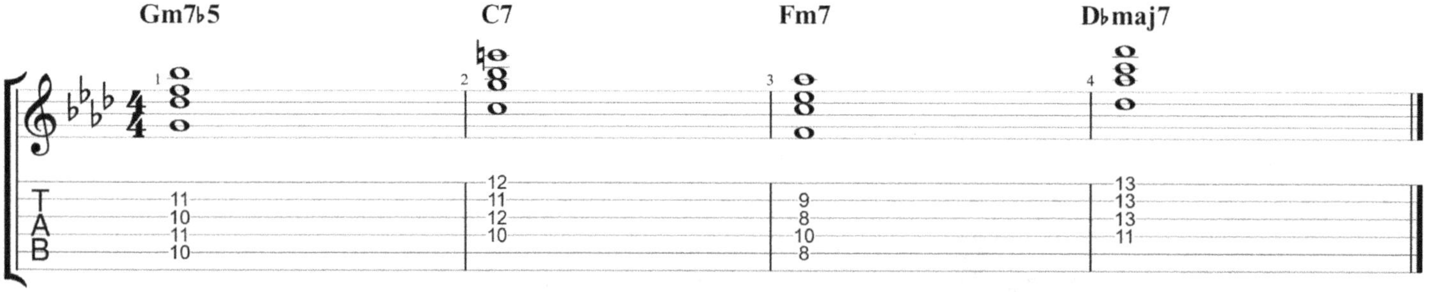

También podemos cambiar el voicing de acorde que utilizamos para el Dbmaj7 final en esta secuencia. Si lo tocamos como un acorde con la fundamental en la 6ta cuerda, los voicings fluirán juntos con mayor facilidad:

Ejemplo 2g:

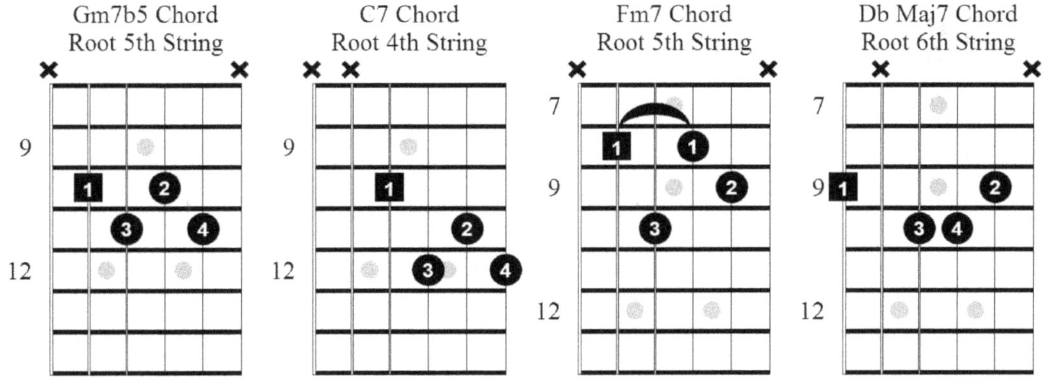

Gm7b5 Chord
Root 5th String

C7 Chord
Root 4th String

Fm7 Chord
Root 5th String

Db Maj7 Chord
Root 6th String

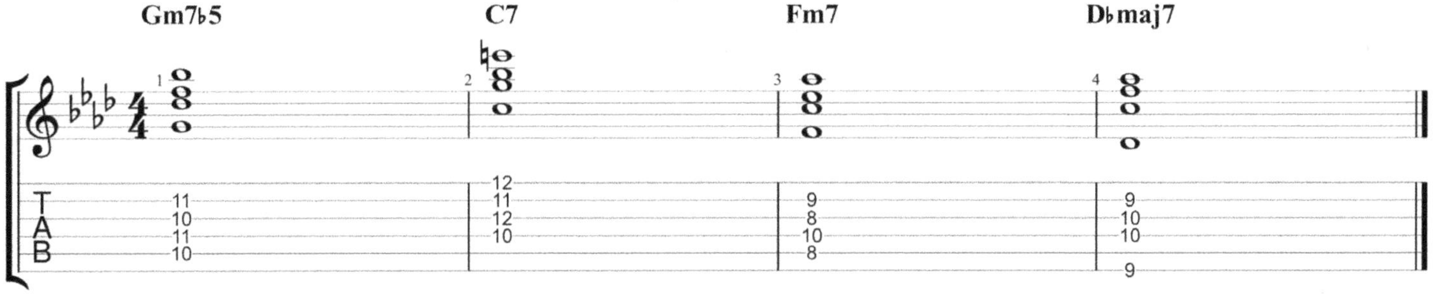

| Gm7b5 | C7 | Fm7 | Dbmaj7 |

Trata de comenzar la secuencia de acordes en diferentes cuerdas y ve qué tan cerca puedes disponer la continuidad armónica de la progresión de acordes. Esta es sólo una de las posibles "rutas" para moverte a través de los cambios comenzando en la 6ta cuerda:

Ejemplo 2h:

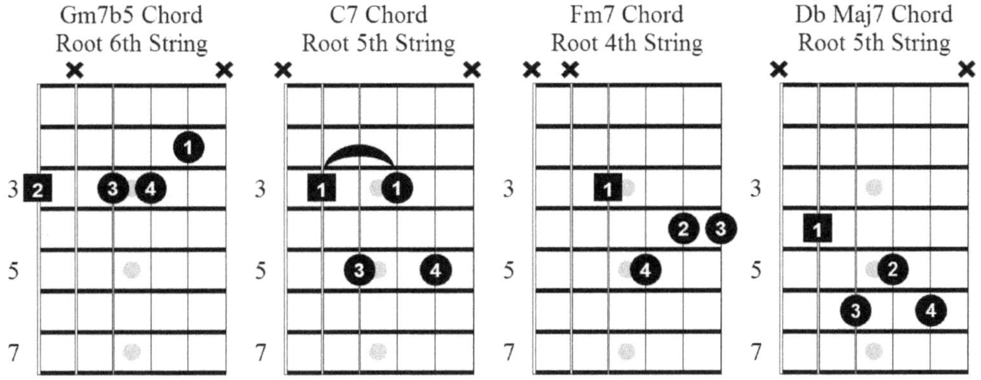

Gm7b5 Chord
Root 6th String

C7 Chord
Root 5th String

Fm7 Chord
Root 4th String

Db Maj7 Chord
Root 5th String

Trata de encontrar caminos a través de las dos siguientes progresiones de acordes utilizando los voicings tratados en este capítulo:

1)

2)

Comienza tocando a través de cada progresión de acordes utilizando acordes que tengan la fundamental en la misma cuerda, luego, combina los voicings de las 6ta y 5ta cuerdas. En seguida combina los voicings de las cuerdas 4ta y 5ta, y finalmente encuentra los voicings de acordes más cercanos que tengan las fundamentales en las tres cuerdas.

Capítulo 3: Extensiones diatónicas para acordes de séptima dominante

En el jazz, es común añadir "extensiones" diatónicas y "alteraciones" cromáticas a los acordes de séptima dominante. Una extensión natural o "diatónica" es una nota que se añade al acorde básico 1 3 5 b7, pero se encuentra dentro de la escala madre original del acorde dominante. En otras palabras, para formar un acorde dominante extendido seguimos saltando notas de la escala, tal como lo hicimos cuando aprendimos a formar un acorde inicialmente.

Podemos extender la fórmula de acorde básica 1 3 5 b7 para incluir los tonos 9no, 11vo y 13vo de la escala.

Estas extensiones se producen cuando extendemos una escala más allá de la primera octava. Por ejemplo, aquí está la escala madre de un acorde C7 (C mixolidio):

C	D	E	F	G	A	Bb	C	D	E	F	G	A	Bb	C
1	2	3	4	5	6	b7	**1/8**	**9**	**3**	11	**5**	13	**b7**	1

Observa que en la segunda octava, si una nota está incluida en el acorde original todavía se conoce como 1, 3, 5, o b7. Esto se debe a que la función de estas notas nunca cambia en el acorde: una 3ra siempre definirá si un acorde es mayor o menor y el b7 siempre será una parte esencial de un acorde m7 o 7.

Las notas *entre* los tonos de acorde son las notas que han cambiado sus nombres. En lugar de 2, 4 y 6, son ahora 9, 11, y 13. Estos son llamados intervalos *compuestos*.

En términos muy simples, se podría decir que un acorde C13 podría contener *todos* los intervalos, hasta el 13vo:

1 3 5 b7 9 11 y 13 – C E G Bb D F y A

En la práctica, sin embargo, esta es una gran cantidad de notas (sólo tenemos seis cuerdas), y tocar muchas notas al mismo tiempo produce un sonido muy pesado e indeseable, porque muchas de las notas chocan entre sí.

La solución para este problema es eliminar algunas de las notas del acorde pero, ¿cómo sabemos cuáles?

No hay reglas fijas sobre qué notas se deben dejar de lado en un acorde extendido; no obstante, *hay* algunas pautas sobre cómo definir un sonido de acorde y qué *debe* ser incluido.

Para definir un acorde como uno mayor o menor, se debe incluir algún tipo de 3ra.

Para definir un acorde de séptima dominante, séptima mayor o séptima menor, se debe incluir algún tipo de 7ma.

Estas notas, las 3as y 7as, se denominan tonos guía, y son las notas más esenciales en cualquier acorde. Puede que te sorprenda, pero estas notas son más importantes incluso que la fundamental del acorde y, muy a menudo en la interpretación de la guitarra rítmica del jazz, la fundamental del acorde se deja de lado por completo.

Vamos a mirar más de cerca los voicings de acorde de tono de guía o "shell" en el siguiente capítulo, pero por ahora vamos a examinar las formas más comunes para tocar las extensiones que se producen regularmente en los acordes dominantes en las progresiones de jazz.

Para nombrar un acorde dominante, buscamos siempre la extensión más alta que esté incluida. Entonces, si las notas fueran 1, 3, b7 y 13, lo llamaríamos una 13va dominante, o simplemente acorde "13". Observa que no incluye la 5ta, 9na u 11va, pero aún así se llama un acorde "13".

Mientras tengamos la 3ra y la b7ma, un acorde siempre será un voicing dominante.

Vamos a empezar por mirar un voicing bastante común de un acorde D7. En el siguiente ejemplo, cada *intervalo* del acorde está marcado en el diagrama.

En D7 los intervalos 1 3 5 b7 son las notas D, F#, A y C.

Ejemplo 3a:

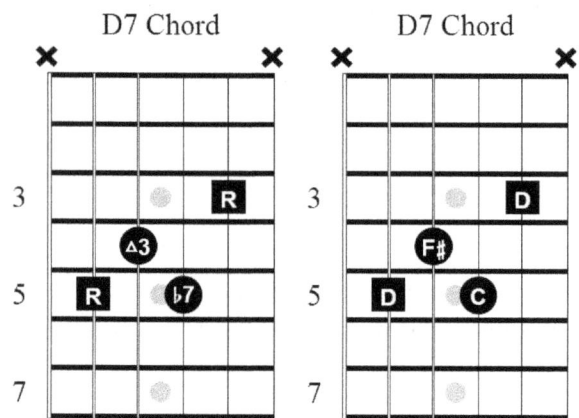

El símbolo de "triángulo 3" es la abreviación de "3ra mayor".

Como se puede ver, este voicing de D7 no incluye la 5ta del acorde (A).

Aquí está la escala ampliada de D mixolidio (la escala madre de D7).

D	E	F#	G	A	B	C	D	E	F#	G	A	B	C	D
1	2	**3**	4	**5**	6	**b7**	**1/8**	9	**3**	11	**5**	13	**b7**	1

Podemos utilizar este voicing de D7 para formar un acorde de 9na dominante o simplemente acorde "9". Todo lo que tenemos que hacer es añadir la 9na de la escala (E) al acorde. La forma más sencilla de hacerlo es moviendo la fundamental de la octava más alta (D) por un tono hacia arriba y sustituirla por una E.

Ejemplo 3b:

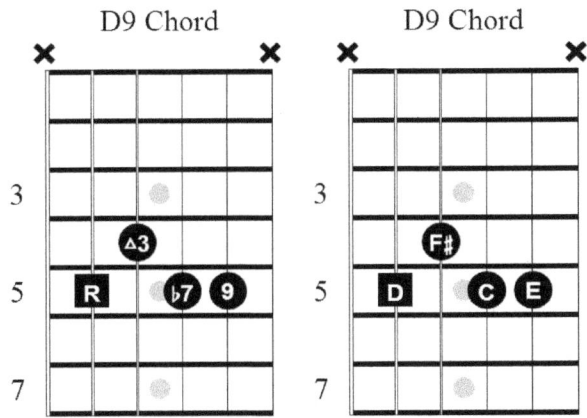

Observa con cuidado para asegurarte de entender cómo sustituí la fundamental del acorde con la 9na del acorde para formar un acorde de 9na dominante o acorde "9".

Los intervalos contenidos en este voicing de acorde ahora son 1, 3, b7 y 9. Tenemos a 1, 3 y b7 que definen al acorde como dominante y la 9na (E) que crea el acorde de 9na dominante *extendido*.

Los acordes de 11va dominante o simplemente "11" son menos comunes y necesitan un cuidado especial debido a que la 3ra mayor del acorde (F#) puede entrar en conflicto con facilidad con la 11va (G).

Vamos a pasar por alto los acordes de 11va por ahora y volveremos a ellos más tarde, aunque la forma más común para formar un acorde de 11va es bajando la 5ta de un acorde dominante por un tono. El descenso de la 5ta es generalmente dispuesto una octava por encima de la 3ra, de lo contrario se puede producir un choque de semitono entre la 3ra y la 11va.

Aquí hay otro voicing de un acorde D7, esta vez sí contiene la 5ta:

Ejemplo 3c:

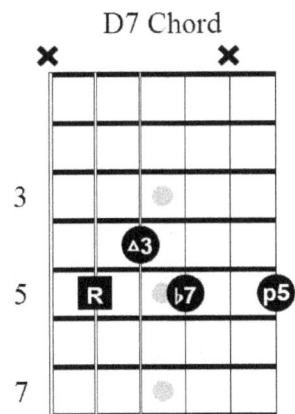

Bajando la 5ta (A) por un tono hasta la 11va (G), formamos un acorde de 11va dominante o acorde "11".

Ejemplo 3d:

D11 Chord

```
      ✗           ✗
3                    (11)
            (△3)
5    R       (♭7)
7
```

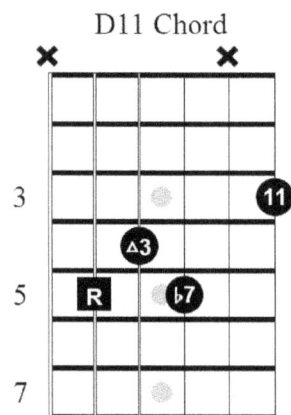

Los acordes de 13va dominante son mucho más comunes en el jazz que los acordes de 11va dominante. Normalmente son creados elevando la 5ta de un acorde de 7ma dominante por un tono, de modo que se convierte en la 13va (6ta). Es común incluir la 9na de la escala en un acorde de 13va, pero no es en absoluto necesario.

Mediante la combinación de las dos últimas ideas podemos formar un acorde D9 con la 5ta en la 1ra cuerda de la guitarra:

Ejemplo 3e:

D9 Chord

```
      ✗
3
            (♭4)
5    R       (♭7) (9) (p5)
7
```

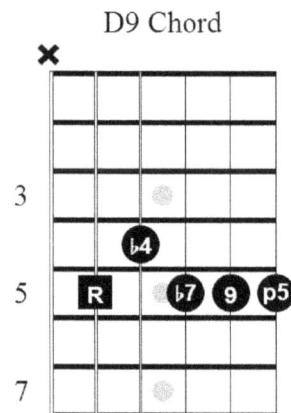

Al elevar la 5ta por un tono podemos alcanzar el 13vo grado (intervalo) de la escala. El acorde se muestra primero con los intervalos, y luego con la digitación recomendada:

Ejemplo 3f:

D13 Chord   D13 Chord

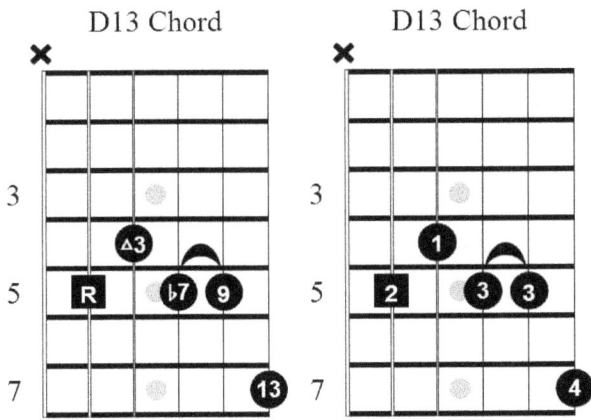

Como estoy seguro de que estás empezando a notar, añadir extensiones a los acordes dominantes es simplemente una cuestión de saber dónde está situada la extensión deseada en el diapasón y luego mover un tono de acorde no esencial a esa ubicación.

El acorde de 13va anterior también puede ser dispuesto de forma ligeramente diferente para lograr un sabor sutilmente diferente. Podríamos reemplazar la 9na con la 3ra:

Ejemplo 3g:

D13 Chord

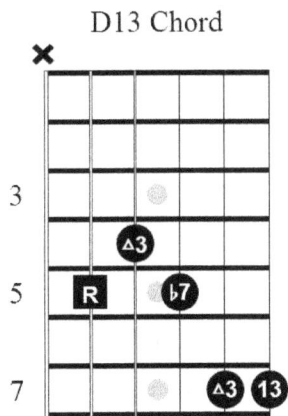

En este voicing hay dos 3ras, lo cual es completamente aceptable. Es probable que sientas que la versión anterior con la 9na incluida tiene un sonido un poco más rico.

Este enfoque también se puede aplicar a un acorde de 7ma dominante dispuesto a partir de la sexta cuerda de la guitarra. Aquí están la fundamental, 3ra y b7 de un acorde D7 con la fundamental en la 6ta cuerda:

Ejemplo 3h:

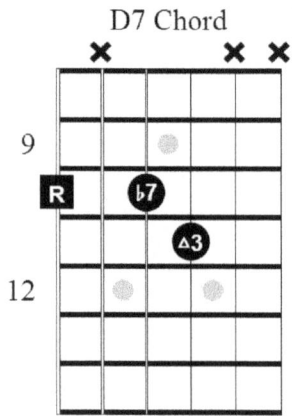

La 5ta y la fundamental en la octava más alta de este acorde se encuentran aquí:

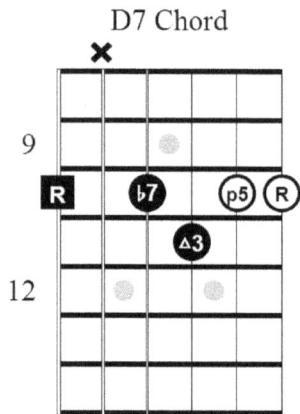

Si recuerdas, podemos elevar la 5ta por un tono para tocar la 13va del acorde, y podemos elevar la fundamental del acorde por un tono para apuntarle a la 9na.

Ejemplo 3i:

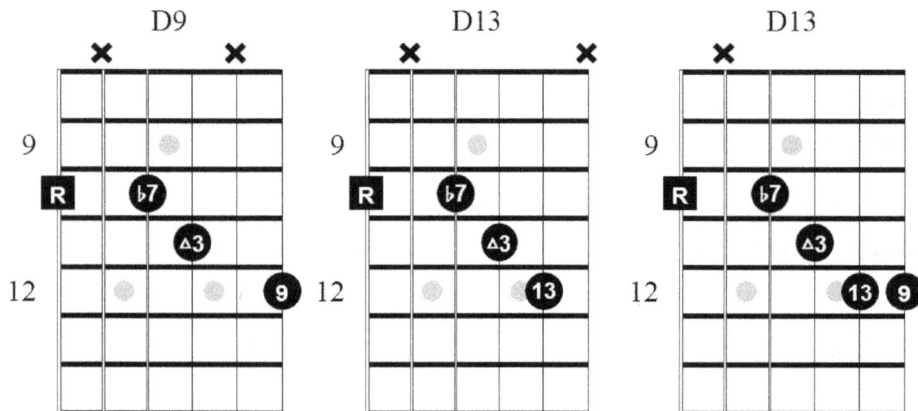

El tercer diagrama muestra un acorde de 13va que incluye la 9na. Sigue siendo un acorde de 13va, ya sea que la 9na esté presente o no.

Los siguientes dos voicings "shell" son digitaciones muy útiles de conocer, ya que es fácil añadirles extensiones, a la vez que se mantiene la fundamental del acorde en el bajo. Sin embargo, como aprenderás en el capítulo 14, las extensiones diatónicas se agregan a menudo por el uso inteligente de las *sustituciones* de acordes que reemplazan al acorde original.

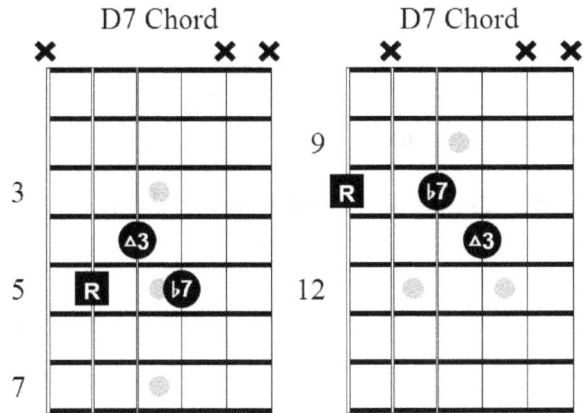

D7 Chord   D7 Chord

Capítulo 4: Alteraciones cromáticas a los acordes dominantes

Mientras que las extensiones diatónicas (9, 11 y 13) se añaden a un acorde dominante, también es muy común añadir extensiones *alteradas* o *cromáticas* a un acorde dominante. Estas alteraciones se producen principalmente en los puntos de tensión en una progresión de jazz, tales como el acorde dominante en una secuencia ii V I (dos, cinco, uno).

Una alteración cromática es una nota que se añade a un acorde dominante y que no es un 9, 11 o 13. Podemos tener en cuenta *todas* las posibles alteraciones cromáticas simplemente elevando o disminuyendo la 9na o la 5ta del acorde, de hecho, sólo hay realmente cuatro posibles extensiones alteradas: b5, #5, b9 y #9.

Para ver por qué esto es así, vamos a ver un poco de teoría. Aquí está la escala de dos octavas de C mixolidio, la escala madre de C7:

C	D	E	F	G	A	Bb	C	D	E	F	G	A	Bb	C
1	2	3	4	5	6	b7	1/8	9	3	11	5	13	b7	1

Y aquí se presenta en el diapasón de la guitarra:

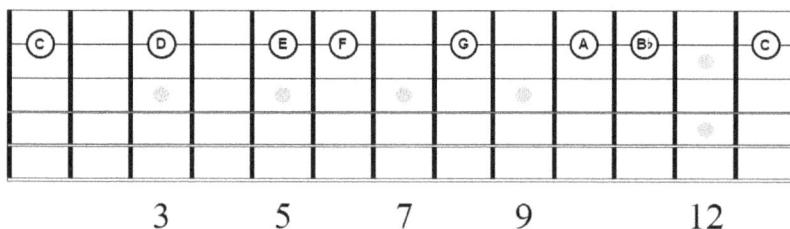

La 5ta de la escala es la nota G y la novena es la nota D.

Puedo aumentar la 5ta (G) para convertirla en un G# y crear una tensión #5. También podría conseguir el mismo resultado disminuyendo la 6ta o la 13va notas (A) para convertirlas en un Ab/G#.

Por esta razón, un intervalo de b13 es exactamente lo mismo que un #5. Los acordes de C7#5 y C7b13 son los mismos.

Si nos fijamos en el diapasón de nuevo, se verá que un #11 (F#) es idéntico a un b5 (Gb).

Algo similar ocurre con la 9na de la escala, aunque en un acorde dominante *nunca* disminuirías la 3ra porque cambiaría la calidad del acorde de dominante a séptima menor.

Recuerda, dominante = 1 3 5 b7 y séptima menor = 1 b3 5 b7. Disminuyendo la 3ra de un acorde dominante hemos cambiado la calidad del acorde y ya no es dominante, a menos que haya otra 3ra mayor sonando en el acorde.

Puedo elevar la novena (D) para convertirla en un D# y crear un sonido C7#9. También puedo disminuir la 9na a Db para crear un sonido 7b9.

Sin embargo, a diferencia de la 3ra, es aceptable eliminar la nota fundamental de cualquier acorde así que, como se verá en el capítulo 9, es posible elevar la fundamental por un semitono para crear un sonido b9.

No podemos elevar el b7 del acorde porque cambiaría la calidad del acorde de séptima dominante a séptima mayor.

En resumen: b5 = #11 y #5 = b13, así que las únicas verdaderas extensiones alteradas para un acorde dominante son b5, #5, b9 y #9. Verás acordes escritos como C7#11b13. Esto no está mal, es sólo una cuestión de terminología. La clave es darse cuenta de que C7#9b13 es lo mismo que C7#9#5.

La razón por la que enseño b5, #5, b9, #9 es porque hace que los acordes sean mucho más fáciles de entender y tocar en el diapasón.

Trabaja con un acorde D7 para hacer estos ejemplos más fáciles de tocar, aquí hay un diagrama del diapasón que muestra el voicing "shell" 1 3 b7 de un acorde dominante en negro, y los intervalos 5to y 9no marcados en blanco:

D7 Chord

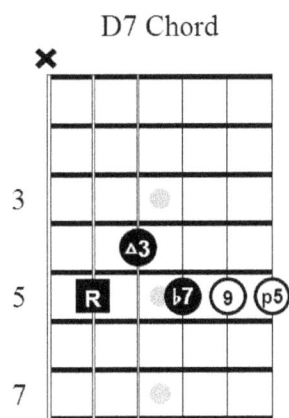

Puedo crear *cualquier* extensión alterada simplemente moviendo las notas blancas hacia arriba o hacia abajo por un semitono.

Ejemplo 4a:

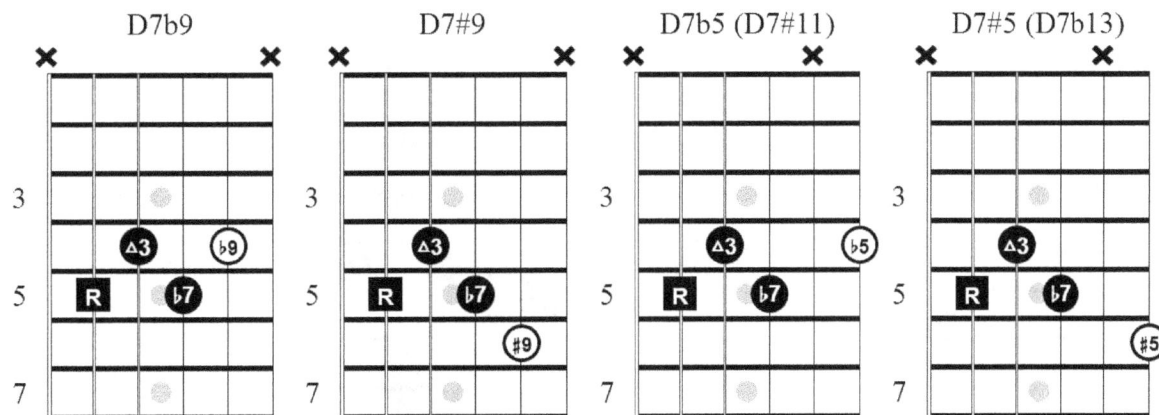

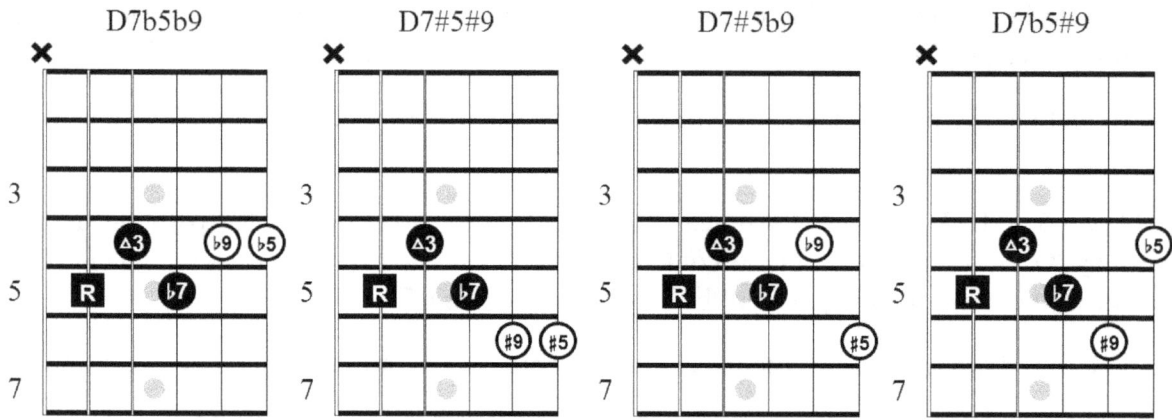

D7b5b9   D7#5#9   D7#5b9   D7b5#9

Lo mismo sucede cuando se utiliza el voicing "shell" de séptima dominante con una fundamental en la 6ta cuerda:

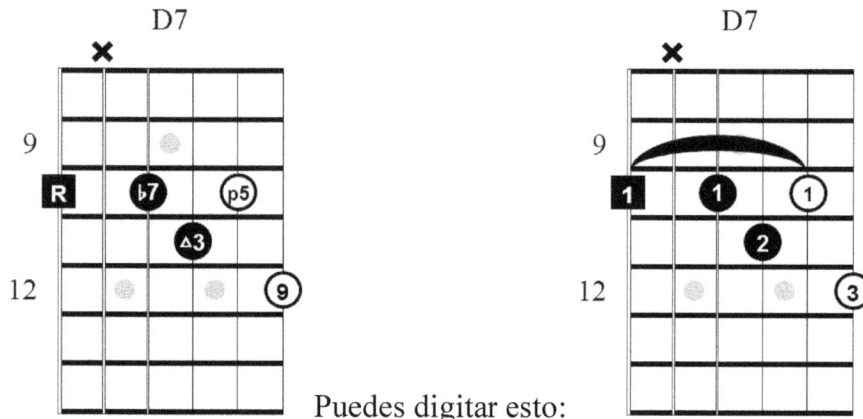

D7   D7

Puedes digitar esto:

Algunas de las extensiones alteradas en esta posición pueden ser un poco difíciles de alcanzar, por eso muy a menudo estos voicings se ejecutan sin la fundamental. Aquí hay algunas de las permutaciones de extensiones alteradas disponibles en esta posición.

Ejemplo 4b:

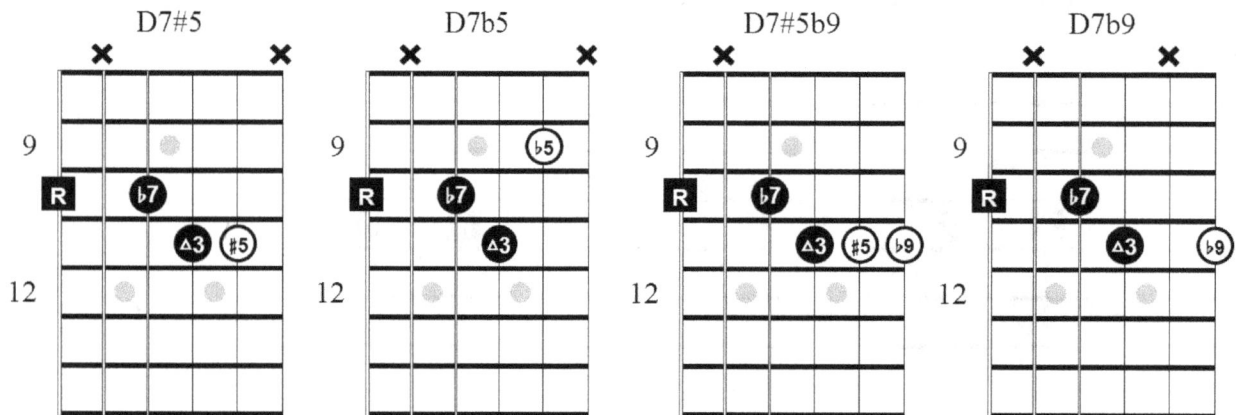

D7#5   D7b5   D7#5b9   D7b9

D7#5#9 (rootless)　　　　　**D13#9 (rootless)**

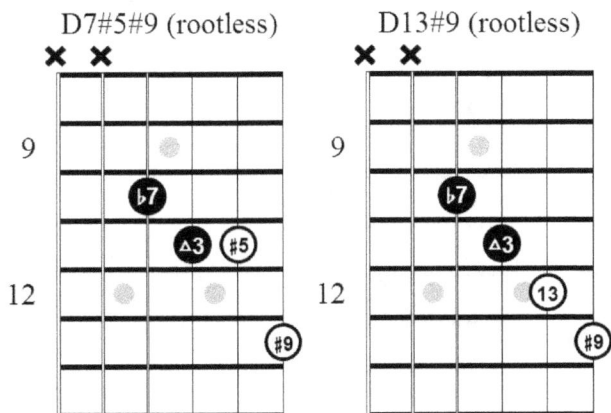

Estos enfoques también se pueden tomar con un acorde de séptima dominante con la fundamental en la 4ta cuerda, aunque en el voicing básico de posición fundamental que aprendimos anteriormente, debemos omitir la fundamental cuando se añade un #9 o b9.

El siguiente ejemplo utiliza un acorde G7 como base para las alteraciones.

G7

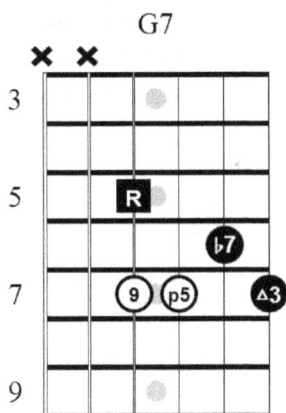

Las alteraciones más fáciles de añadir son #5 y b5, aunque a menudo la nota fundamental se elevará un semitono para crear un acorde 7b9 sin fundamental.

Ejemplo 4c:

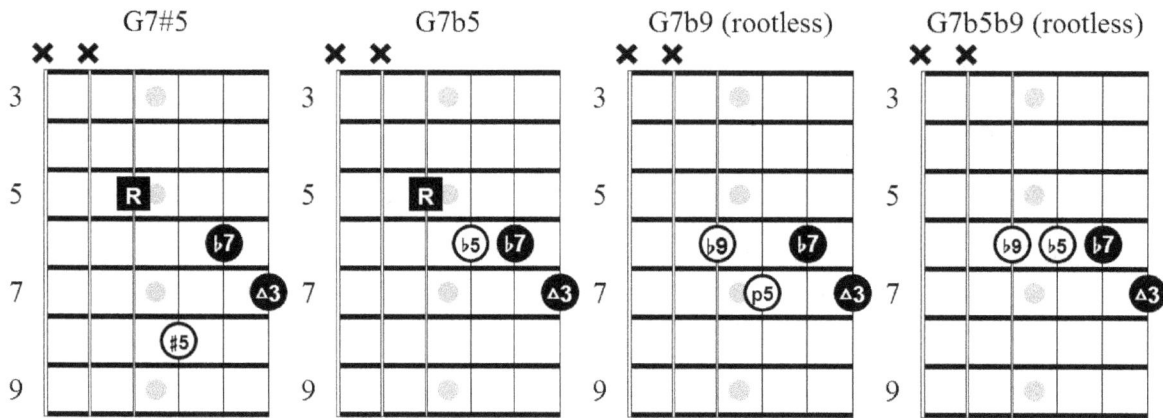

Muy a menudo en las tablas de acordes de jazz simplemente vas a ver el símbolo "alt". Por ejemplo "D7alt". Esto significa que el compositor no ha especificado una extensión alterada particular para un acorde de séptima dominante, entonces puedes utilizar cualquiera que sientas que funciona mejor con la música.

También es importante saber que sólo porque una tabla de acordes diga "7", esto no significa que el acorde debe ser tocado como un acorde de séptima "estricto". Si el acorde dominante es *estático* (no se mueve), normalmente está bien añadir tantas extensiones naturales como desees. Por ejemplo, cuatro compases de D7 se podrían tocar de esta manera:

Ejemplo 4d:

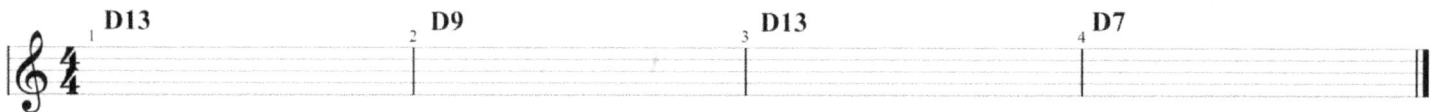

Si un acorde de séptima dominante es *funcional* (resuelve hacia otro acorde), entonces un acorde "7" básico normalmente puede ser sustituido por cualquier acorde dominante con una extensión natural *o* alteración cromática.

Una progresión de acordes como esta:

Ejemplo 4e:

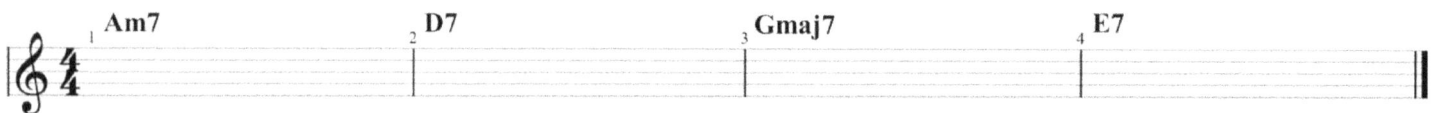

se podría tocar en cualquiera o más de las siguientes maneras:

Ejemplo 4f:

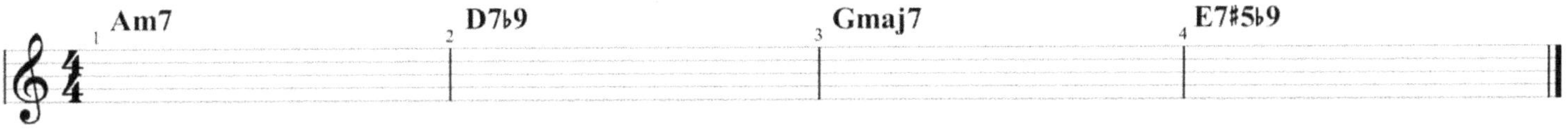

Am7 | D7♭9 | Gmaj7 | E7#5♭9

Ejemplo 4g:

Am7 | D7♭5♭9 | Gmaj7 | E7#5#9

Ejemplo 4h:

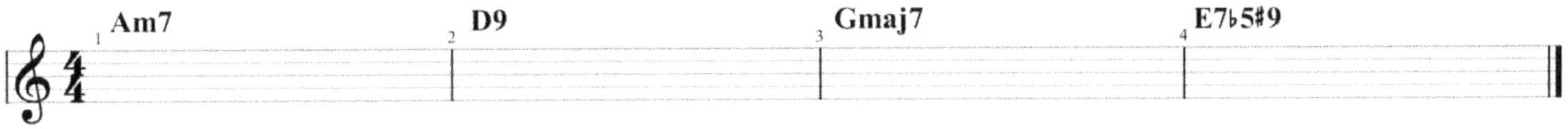

Am7 | D9 | Gmaj7 | E7♭5#9

Prueba tocando los siguientes ejemplos a partir de diferentes notas fundamentales, y sustituye cualquier extensión diatónica o cromática que quieras por los acordes dominantes que ya has aprendido.

1)

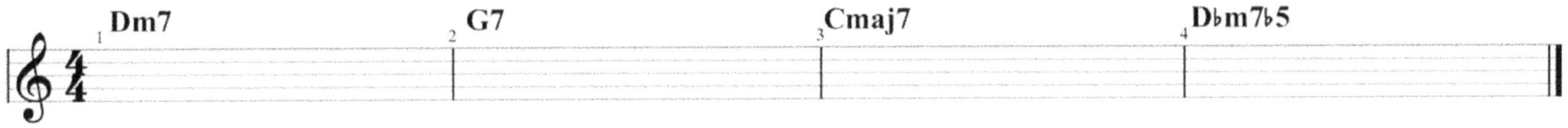

Dm7 | G7 | Cmaj7 | D♭m7♭5

2)

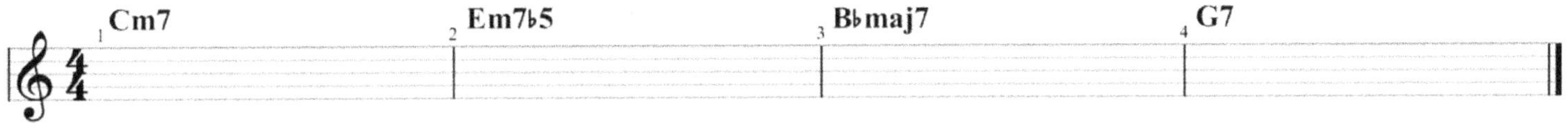

Cm7 | Em7♭5 | B♭maj7 | G7

3)

B7alt   E7alt   A7alt   D7alt | Gmaj7 | |

Podemos usar el mismo enfoque al añadir alteraciones cromáticas a los acordes de 7ma mayor, 7ma menor y m7b5, el secreto es simplemente saber dónde están las alteraciones en el diapasón.

En el siguiente capítulo veremos con más detalle los voicings shell o de "tono guía" de los cuatro tipos de acordes básicos y veremos cómo podemos utilizar formas simples para ocuparnos de las extensiones complejas.

Capítulo 5: Voicings de fundamental y tono guía

Como ya hemos aprendido, los tonos guía son el 3ro y el 7mo de cualquier acorde. Incluso sin tocar la fundamental, podemos definir casi por completo un acorde sólo con su 3ro y 7mo. Aprenderás en el segundo libro que dos acordes dominantes relacionados pueden compartir el mismo conjunto de tonos guía, pero por ahora podemos definir casi cualquier acorde por su fundamental, 3ro y 7mo.

Recapitulando:

Tipo de acorde	Fórmula de intervalo
Séptima mayor	1 3 5 7
Séptima dominante	1 3 5 b7
Séptima menor	1 b3 5 b7
Séptima menor b5	1 b3 b5 b7

Una ligera complicación surge con el acorde de séptima menor b5, ya que tiene los mismos tonos guía que un acorde de séptima menor. Esto no es necesariamente un problema, porque aunque *comparten* los mismos tonos guía, tocando sólo el b3 y el b7 no estamos definiendo si el 5to es natural o bemol. En otras palabras, no se trata de añadir información adicional y los tonos guía suenan bien tanto si el acorde es m7 o m7b5.

También podríamos añadir el b5 en el voicing m7b5 como se verá en este capítulo.

Vamos a empezar por examinar un diagrama del diapasón con una nota fundamental marcada, y el b3, 3, b7 y 7 resaltados.

Este ejemplo se encuentra en la tonalidad de C.

Guide Tones from
a 6th String Root

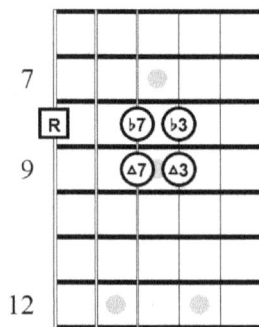

Tocando la nota fundamental y cualquier 3ra o 7ma podemos definir los tonos más importantes de cualquier acorde.

Ejemplo 5a:

Maj7 Guide Tones
Root 6th String

'7' Guide Tones
Root 6th String

m7 Guide Tones
Root 6th String

m7b5 Guide Tones
Root 6th String

Toca los ejemplos anteriores y escucha el efecto que tiene el cambio de una sola nota en cada voicing. ¿Puedes oír las calidades de cada acorde descritas sólo por estos tres tonos?

Por supuesto, habrás notado que los acordes m7 y m7b5 comparten los mismos tonos guía como se mencionó en la introducción. No te preocupes por esto ahora, pero si estás desesperado por oír el voicing de tonos guía con el b5 añadido, puedes tocar el siguiente acorde:

m7b5 Guide Tones
Root 6th String

Prueba tocando la siguiente progresión usando sólo estos voicings de fundamental y tonos guía con base en la 6ta cuerda.

Se puede escuchar en el **ejemplo 5b:**

Gm7b5   C7   Fm7   Dbmaj7

Ahora vamos a pasar a observar los voicings de fundamental y tonos guía con una fundamental en la 5ta cuerda.

Aquí está la visión general del diapasón:

**Guide Tones from a
5th String Root**

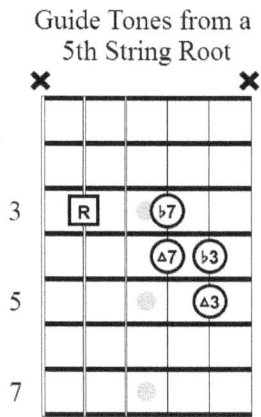

Y aquí están los voicings de fundamental y tono guía para cada acorde.

**Maj7 Guide Tones
Root 5th String**

**'7' Guide Tones
Root 5th String**

**m7 Guide Tones
Root 5th String**

**m7b5 Guide Tones
Root 5th String**

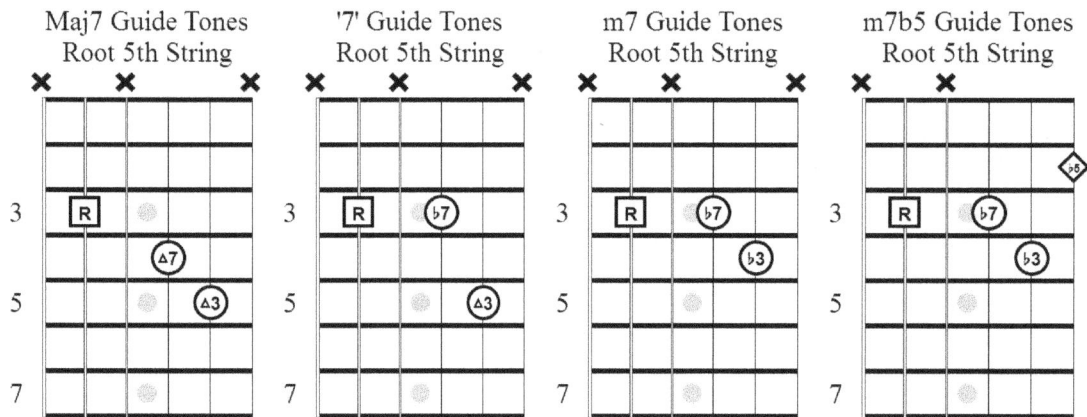

Una vez más, en el diagrama m7b5, el b5 **no** es un tono guía y es opcional. Por ahora yo sugeriría ignorarlo.

De nuevo, toca la siguiente progresión usando únicamente voicings de fundamental y tono guía en la 5ta cuerda:

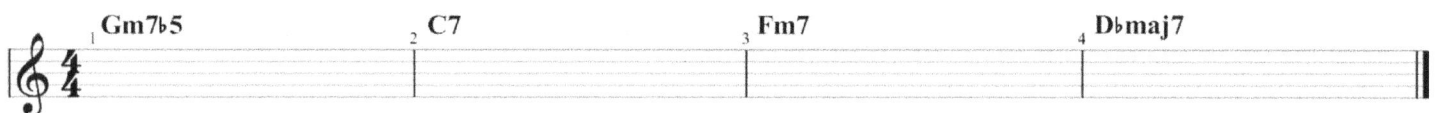

Es importante saber que, en esta posición, las 3ras en cada acorde se pueden tocar en la cuarta cuerda, una octava más baja. Al tocar la 3ra en la cuarta cuerda, podemos usar el siguiente mapa de tonos guía:

Guide Tones from a 5th String Root

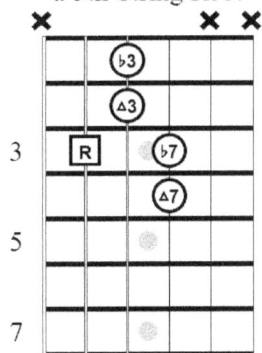

Esto significa que los acordes de fundamentales y tonos guía anteriores se pueden tocar así:

Maj7 Guide Tones Root 5th String | '7' Guide Tones Root 5th String | 'm7' Guide Tones Root 5th String | 'm7b5' Guide Tones Root 5th String

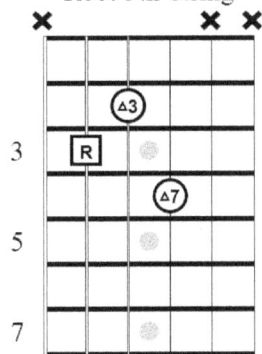

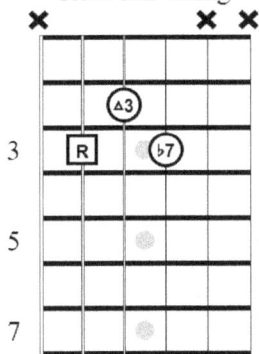

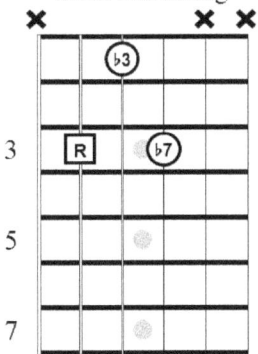

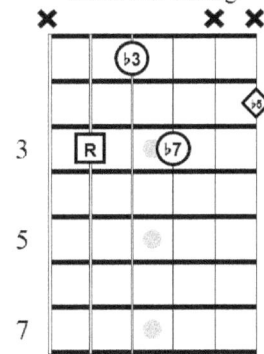

Ahora, vamos a combinar los voicings de fundamental y tono guía tanto de la 6ta y 5ta cuerdas, y tocar la misma secuencia en un movimiento mucho más suave:

Ejemplo 5c:

Prueba este enfoque también empezando en la 6ta cuerda:

Ejemplo 5d:

Gm7♭5	C7	Fm7	D♭maj7

```
T   3       5       1       6
A   3       3       1       5
B   3       3       1       4
```

O

Ejemplo 5e:

Gm7♭5	C7	Fm7	D♭maj7

```
T   3       3       1       5
A   3       2       1       3
B   3       3       1       4
```

Escucha la diferencia entre el uso de diferentes voicings de fundamental y tono guía. Los voicings con la 3ra en la segunda cuerda tienden a ser un poco más brillantes que los que tienen la 3ra en la cuarta cuerda.

Por último, podemos aprender los voicings de tono guía con una fundamental en la cuarta cuerda:

Guide Tones from a
4th String Root

Como se puede ver, una vez más hay dos opciones en cuanto a dónde disponemos la 3ra, si en la tercera cuerda o en la primera cuerda. Ambos son buenos voicings, pero tocar la 3ra en la primera cuerda crea digitaciones un poco más fáciles. Experimenta para encontrar tus sonidos y voicings favoritos.

Los cuatro tipos de acordes se pueden disponer con una fundamental en la cuarta cuerda de las siguientes maneras:

Maj 7 Guide Tones
Root 4th String

'7' Guide Tones
Root 4th String

m7 Guide Tones
Root 4th String

m7b5 Guide Tones
Root 4th String

Una vez más, comienza por tocar el mismo acorde simplemente usando los voicings con la fundamental en la 4ta cuerda:

Gm7b5   C7   Fm7   Dbmaj7

Luego, prueba combinando fundamentales en la 4ta cuerda y en la 5ta cuerda. Aquí hay una posible ruta a través de los cambios:

Ejemplo 5f:

Gm7b5   C7   Fm7   Dbmaj7

Por último, prueba combinando los tres grupos de cuerdas y encuentra el mayor número de rutas a través de los cambios como puedas. Aquí hay una que comienza en la 4ta cuerda.

Ejemplo 5g:

Trata de tomar el mismo enfoque con las siguientes progresiones:

1)

2)

3)

Los voicings de fundamental y tono guía son extremadamente útiles cuando se tocan ritmos de acompañamiento en la guitarra de jazz, especialmente cuando estás tocando con una banda más grande o cualquier alineación donde haya un piano. Los pianos y las secciones de viento a menudo pueden proporcionar una gran cantidad de información armónica y, tocando la guitarra en exceso, a veces podemos entrar en conflicto con estos otros instrumentos, a menos que las partes se elaboren muy cuidadosamente.

Al tocar voicings de fundamental y tono guía estamos tocando sólo la información básica (aunque importante) del acorde, y podemos concentrarnos más en proporcionar un acompañamiento rítmico musical al conjunto.

En el siguiente capítulo vamos a ver cómo podemos eliminar incluso las notas fundamentales de estos voicings antes de aprender a añadir las extensiones naturales y alteraciones cromáticas a los voicings shell básicos.

Capítulo 6: Uso de voicings de tono guía sin fundamental

Como se ha mencionado en el capítulo anterior, las notas definitorias de cualquier acorde son la 3ra y la 7ma. Si sólo tocamos estos dos intervalos podemos definir casi cualquier acorde. En este capítulo vamos a ver cómo podemos transmitir la información armónica correcta, incluso en progresiones muy complejas con sólo dos notas en cada acorde.

Considera la siguiente progresión:

De lo que hemos aprendido hasta ahora, tenemos un buen número de enfoques que podemos tomar para tocar esta línea de acordes.

Una solución podría ser la siguiente secuencia.

Ejemplo 6a:

Estos voicings de acordes funcionan muy bien en el marco de una banda pequeña, tal vez cuando se acompaña a un cantante o en un pequeño trío sin piano.

Si la banda se hace más grande, a menudo es probable que queramos reducir la cantidad de notas que tocamos y dejar que otros instrumentos se encarguen de las extensiones y las alteraciones. Es probable que haya otro instrumento tocando una línea de bajo, posiblemente un contrabajo o los pedales del órgano.

En estos contextos, los guitarristas a menudo reducen la cantidad de notas que están tocando hasta dejar sólo voicings de tono guía sin la fundamental.

Ya has aprendido dónde se encuentran estas notas en el diapasón de la guitarra en conjunción con la nota fundamental del acorde, pero ahora vamos a tratar de tocarlos de forma aislada y ver si todavía podemos "escuchar" la armonía de la progresión de acordes implícita en estos tonos de acorde.

Para tocar estos voicings, *visualiza* las fundamentales de cada forma de voicing de tono guía, pero no las toques. Al principio puede resultar útil digitar el acorde completo, pero sólo rasguea o puntea los tonos deseados.

Una forma de tocar la progresión anterior utilizando formas de tonos guía se muestra en el siguiente ejemplo. Estoy visualizando las fundamentales de los acordes en las cuerdas 6ta y 5ta:

Ejemplo 6b:

Cuando tengas este ejemplo bajo control, compara los ejemplos 6a y 6b. Toca el ejemplo 6a y luego toca de inmediato el ejemplo 6b. Mientras el ejemplo 6b ciertamente no tiene la "riqueza" del ejemplo 6a, sin duda podrás oír la armonía moviéndose como se describe en los símbolos de acordes.

Usando los tonos guía de esta manera podemos transmitir fácilmente la información importante en una secuencia de acordes, dejando mucho espacio a los otros instrumentos de la banda para tocar sus partes.

El ejemplo anterior arroja un punto interesante e importante. Como puede que ya sepas, la progresión "ii V I" (dos cinco uno) es la secuencia de acordes más común que se toca en la música de jazz. La ii V I se forma cuando armonizamos los grados 2do, 5to y fundamental de una escala mayor. Es raro encontrar un estándar de jazz que no incluya al menos una, si no es que muchas progresiones ii V I.

Los últimos dos compases del ejemplo 6b forman una progresión estándar ii V I. Debido a que esta secuencia de acordes se produce tan a menudo en el jazz, es muy importante empezar a formar un "diccionario" de diferentes maneras de tocar estos acordes. Usar voicings de tono guía sin fundamental de esta manera es una de las formas más sencillas de atravesar la secuencia de acordes, ya que sólo cambiamos una nota cada vez.

En una ii V I normal, el b7 del acorde ii *siempre* caerá por un semitono para convertirse en la 3ra del acorde V. El b3 del acorde ii permanece igual y se convierte en el b7 del acorde V.

Cuando el acorde V se desplaza hacia el acorde I, el b7 del acorde V siempre caerá por un semitono para convertirse en la 3ra del acorde I. La 3ra del acorde V permanece igual y se convierte en la 7ma del acorde I.

Esto es más fácil de ver en el siguiente diagrama.

Saber que este movimiento es siempre el mismo en una ii V I es muy útil, ya que nos permite hacer el menor movimiento posible para definir un nuevo acorde. También es una gran manera de empezar a aprender cómo se mueven los intervalos de acordes en el diapasón de la guitarra a medida que cambian los acordes. Esto es fantástico cuando se trata de hacer solos, pues ya sabemos donde yacen las notas más fuertes de cada acorde en la guitarra.

Vuelve a mirar los dos primeros compases del ejemplo 6b. ¿Puedes ver que estos acordes son una serie de "ii V's" sin resolver?

Los tonos guía tienen el mismo movimiento que los acordes en el compás tres, pero éstos no se resuelven a un acorde maj7 tónico como los acordes finales.

Este tipo de secuencia es muy común en el jazz y se utiliza en canciones como *Blues for Alice* de Charlie Parker, donde hay muchas sustituciones a la armonía original.

Estudia los compases uno y dos del ejemplo 6b para asegurarte de que entiendes cómo se están moviendo los tonos guía. Nota que en estos ciclos, sólo una nota se está moviendo cada vez.

Trata de tocar el ejemplo 6b usando tonos guía con base en las cuerdas 5ta y 4ta. Recuerda únicamente visualizar la nota fundamental, no tocarla.

Otra progresión de acordes común en el jazz es la secuencia "vi ii V I" (seis, dos, cinco, uno). Las *calidades* de los acordes a menudo varían en esta secuencia (a menudo VI y ii se tocan como acordes dominantes), pero en su forma natural el acorde vi es de séptima menor (de ahí el número romano pequeño: vi denota menor, VI denota mayor, VI7 denota un acorde de séptima).

Una secuencia vi ii V I en la tonalidad de G podría tener este aspecto:

Hemos visto algunas maneras en que podrías tocar esta secuencia, sin embargo, si lo reducimos a voicings de tonos guía únicamente, se podría tocar así:

Ejemplo 6c:

Como he mencionado antes, las calidades de estas progresiones de acordes cambian a menudo. Aquí hay un ejemplo de la misma secuencia pero esta vez cada acorde se toca como uno de séptima dominante.

Ejemplo 6d:

Intenta tocar el ejemplo anterior con y sin las fundamentales, y también tócalo mientras visualizas la fundamental del acorde E en la 6ta cuerda (traste 12). Notarás que sólo tienes que mover los tonos guía por un semitono abajo (un traste) cada vez para tocar toda la secuencia.

Practica el uso de voicings de tono guía sin fundamentales en todos los ejemplos de los capítulos anteriores. También puedes encontrar fácilmente tablas de acordes de jazz en internet o en un "fake book". En particular, es posible que desees comenzar por el estudio de canciones de jazz blues como *Billie's Bounce* o *Blues for Alice*, y canciones con *Rhythm Changes* tales como *I Got Rhythm* o *Anthropology*, ya que contienen una gran cantidad de movimientos de acordes comunes.

Intenta tocar canciones completas sólo en conjuntos de cuerdas adyacentes, es decir, la 2da y 3ra, y la 3ra y 4ta cuerdas. Mantén tus movimientos de tonos guía tan cercanos y tan fluidos como sea posible. Recuerda que debes ignorar cualquier extensión natural o cromática a los acordes. Si ves cualquier acorde de sexta mayor o sexta menor, por ahora tócalos como acordes de séptima mayor o de séptima menor.

Cuanto más practiques este tipo de ritmo, más profunda llegará a ser tu comprensión de los movimientos de acordes de jazz. Dividir una canción de jazz en sus elementos esenciales es una excelente manera de *escuchar* la canción correctamente, y esto a su vez puede conducir a una mejor interpretación de acordes y los solos.

Otra razón por la cual a los guitarristas les gustan los voicings de tono de guía sin fundamental sobre las cuerdas del medio es porque nos dan bastante espacio para añadir líneas de bajo caminantes en la parte inferior, y melodías por encima de la armonía básica. Veremos estos conceptos en el libro tres.

Capítulo 7: Voicings de tono guía con extensiones sin fundamental

Es común usar voicings que consisten en "tonos guía sin fundamental más una extensión". En este escenario vamos a tocar los tonos guía como lo hicimos en el capítulo anterior y añadir un poco de color mediante la selección de una extensión apropiada o alteración cromática.

Esta idea es una manera extremadamente fácil de añadir profundidad y riqueza a tus acompañamientos sin opacar al resto de la banda. El secreto es conocer tu diapasón en términos de intervalos desde cualquier nota fundamental.

Vamos a empezar por elegir una nota fundamental y aprender dónde se encuentran todas las extensiones naturales en relación con ella. Vamos a trabajar en la tonalidad de Bb debido a que es una tonalidad común en el jazz.

Natural Extensions
6th String Root

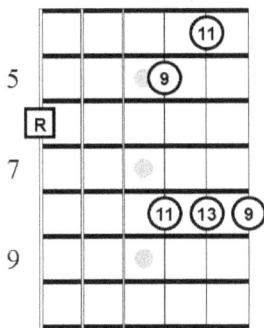

Las notas sobre la tercera cuerda podrían no siempre sernos muy útiles, pues a menudo tocaremos un tono guía en esa cuerda, aunque habrá algunas ocasiones en las que desearemos omitir la 3ra de un acorde a favor de la 11va.

No olvides que también puedes mover la 3ra del voicing de tono guía a la 5ta cuerda si necesitas acceder a una extensión en la 3ra cuerda, aunque este tipo de voicing puede tener un sonido bastante grave y turbio en un registro bajo.

Para refrescar la memoria, aquí están los tonos guía de un acorde Bb7 colocado al lado de las extensiones del diagrama anterior:

'7 'Guide Tones
6th String Root

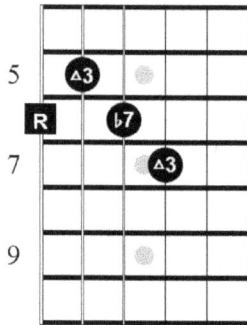

Natural Extensions
6th String Root

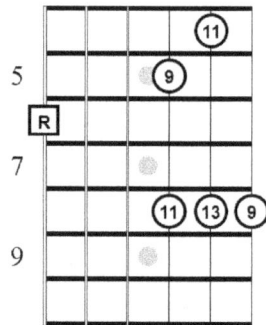

Ahora podemos combinar estos diagramas cuando queramos tocar un voicing de tono guía más una extensión.

Por ejemplo, aquí hay dos muy buenos voicings de un acorde Bb9.

Ejemplo 7a:

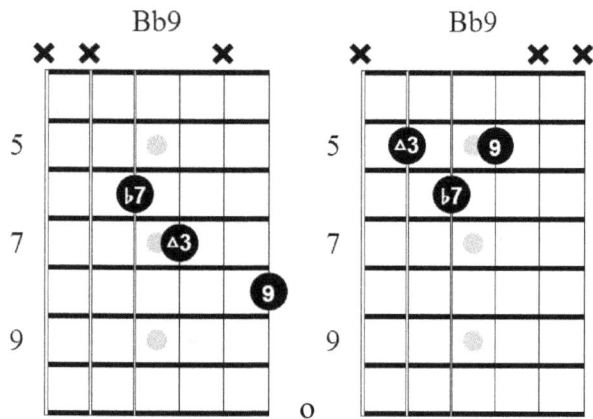

El siguiente es un excelente voicing "13".

Ejemplo 7b:

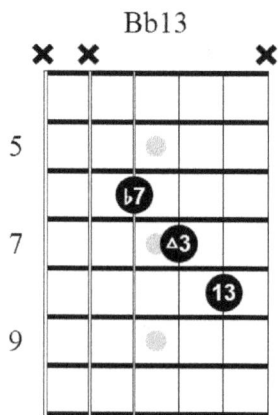

Se podría tocar un "verdadero" acorde Bb11 de la siguiente manera.

Ejemplo 7c:

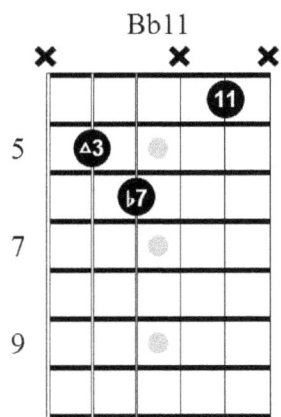

Los acordes "11" a menudo necesitan ser manejados con cuidado, ya que la 11va/4ta se encuentra sólo a un semitono de la 3ra mayor. Siempre intenta ubicarlas en diferentes octavas. Además, es importante tener en cuenta que los acordes de 11va son similares pero no lo mismo que los acordes 7sus4. Ambos acordes incluyen la 11va (4ta), aunque un acorde 7sus4 omite la tercera para formar un acorde suspendido. En este caso podemos simplemente elevar la tercera por un semitono para que cuente por el sus4.

Los siguientes diagramas aclaran este concepto.

Ejemplo 7d:

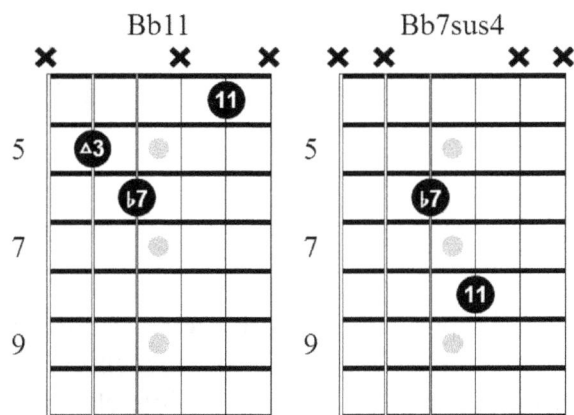

Ejemplo 7e:

Bb13   Bb13sus4

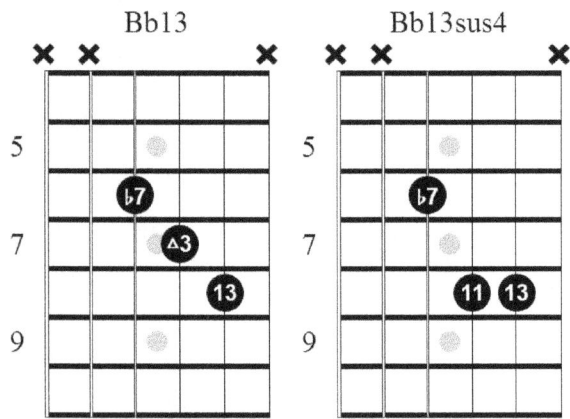

Un acorde "sus" no contiene una 3ra. Un acorde "9", "11" o "13" contiene una 3ra más una extensión.

Ahora vamos a pasar a agregar extensiones alteradas a nuestros tonos guía de séptima dominante.

'7 'Guide Tones   Altered Extensions
6th String Root   6th String Root

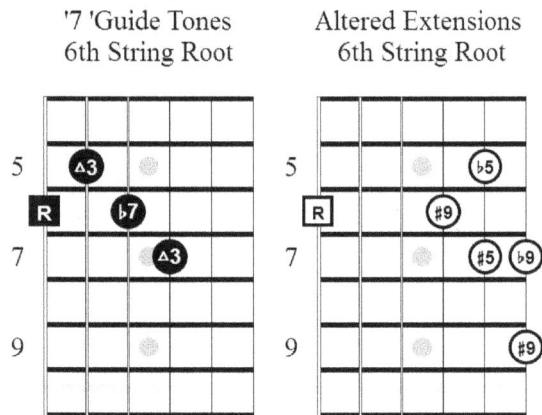

Una vez más, una extensión útil (la #9) está situada en la tercera cuerda, por lo que podrías tener que dejar caer la 3ra por una octava para poder tocar esta nota cómodamente. Además, el b9 y #9 que se encuentran en la primera cuerda pueden estar bastante lejos del par de tonos guía. En este caso, a veces es posible elevar el tono guía b7 por una octava para realizar una digitación más cómoda.

b7 up an octave
#9 voicing

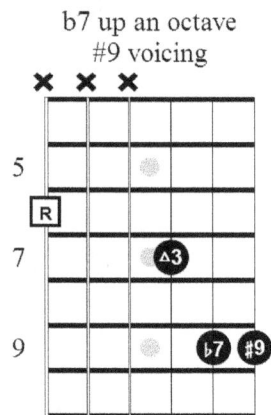

(No toques la fundamental en este ejemplo)

Al igual que con todos estos voicings, el rango de la guitarra que utilices dependerá en gran medida de los voicings de acorde que preceden y siguen al actual.

Algunas formas comunes de "agarres" de tono guía dominante alterado más extensión son:

Ejemplo 7f:

Bb7#5   Bb7b5   Bb7#5b9   Bb7#5#9

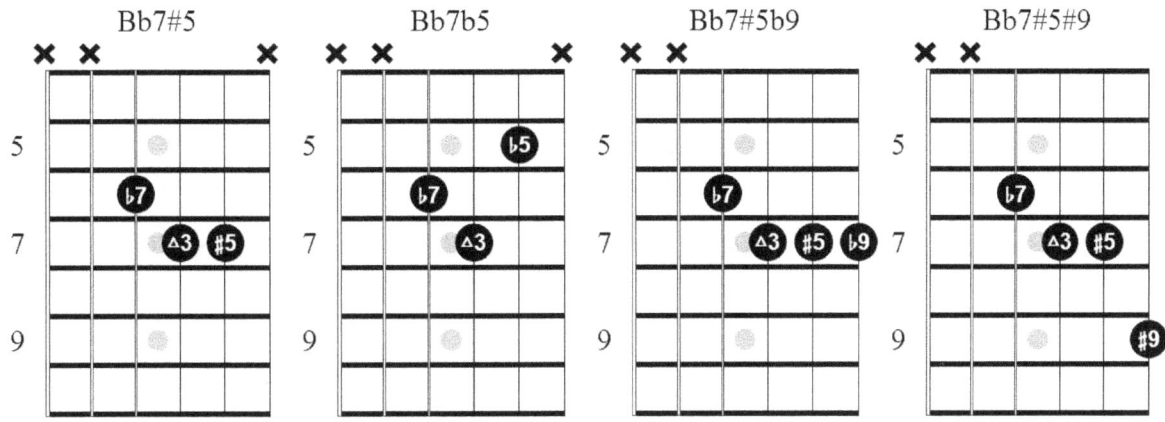

Por supuesto, es perfectamente aceptable combinar extensiones naturales y alteradas de esta manera.

Ejemplo 7g:

Bb13b9

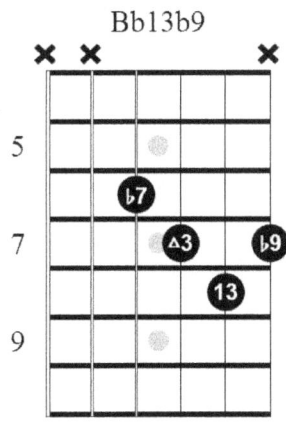

Todas estas formas de acordes son móviles, así que practícalos en diferentes tonalidades. Es importante visualizarlos en torno a la nota fundamental en la 6ta cuerda.

Ahora vamos a ver las extensiones naturales de un acorde de séptima dominante con una fundamental en la 5ta cuerda. Aquí están las extensiones naturales y alteradas de un acorde D7.

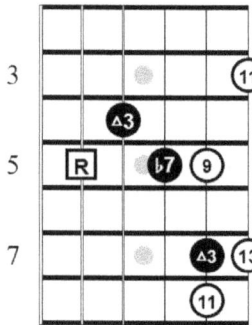
Natural Extensions
5th String Root

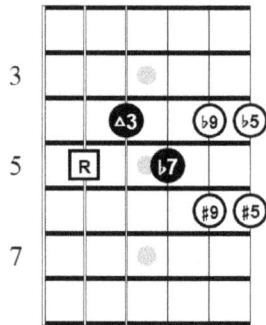
Altered Extensions
5th String Root

Nota la 3ra en la octava más alta resaltada en el primer diagrama.

Usando estos dos diagramas, podemos construir cualquier extensión natural o alterada, o una combinación de las dos.

Ejemplo 7h:

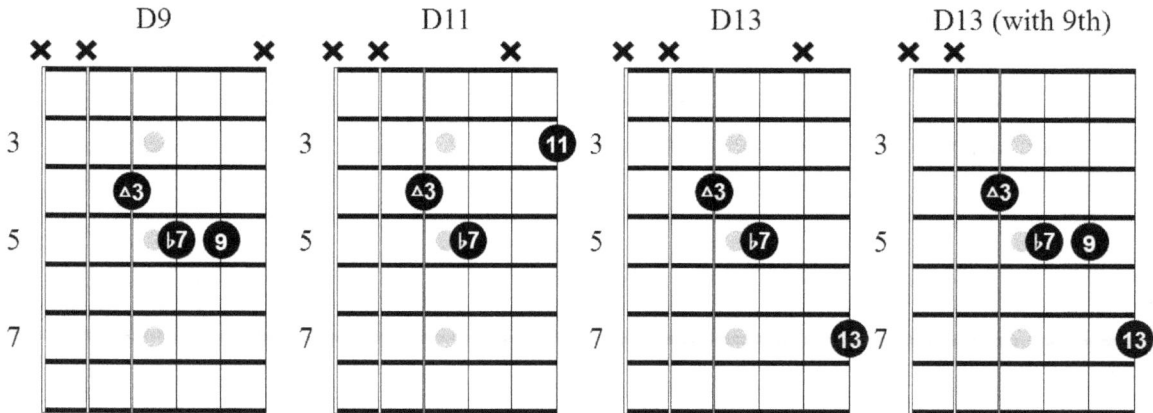

Ejemplo 7i:

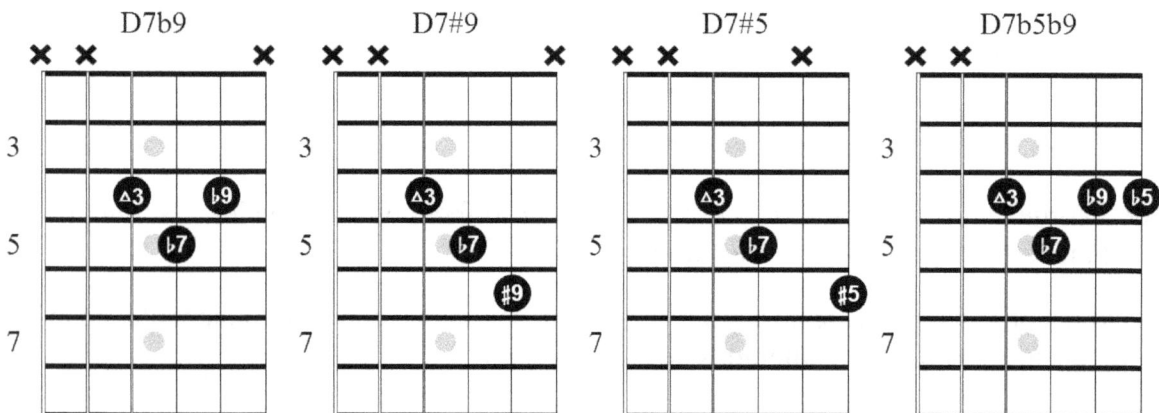

Ejemplo 7j:

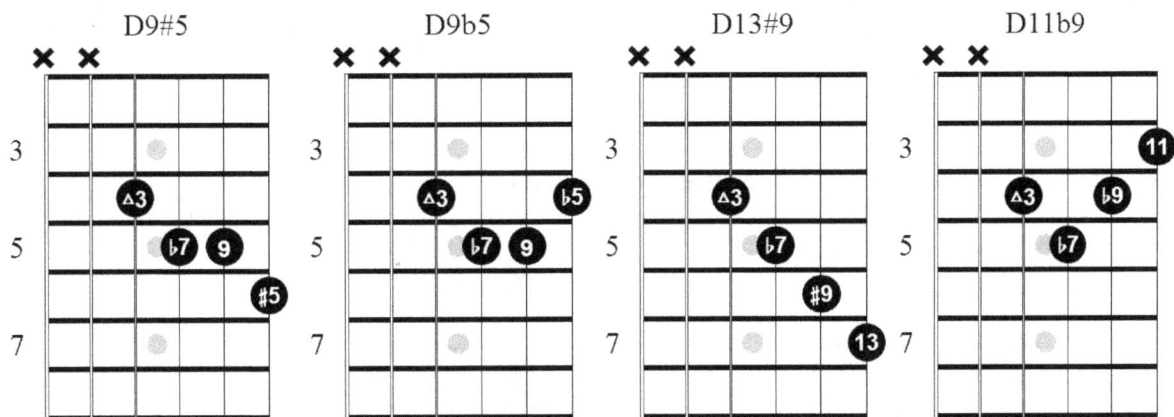

Trata de combinar los voicings de tono guía más extensión de la 6ta y 5ta cuerdas sobre las siguientes progresiones de acordes. Ve cuántas maneras puedes encontrar para navegar por los cambios.

Las siguientes secuencias de acordes pueden ser bastante complicadas al principio. Es posible que desees añadir las notas fundamentales para ayudarte a visualizar los acordes primero, y luego omitirlas con el fin de tocar sólo los tonos guía con extensiones.

Una vez más, encuentra tantas tablas de acordes de jazz como te sea posible y aplica estas técnicas. Rápidamente estarás empezando a ver el diapasón sólo en términos de intervalos desde cualquier nota fundamental. Esto es muy conveniente para la rápida construcción de acordes y solos articulados.

1)

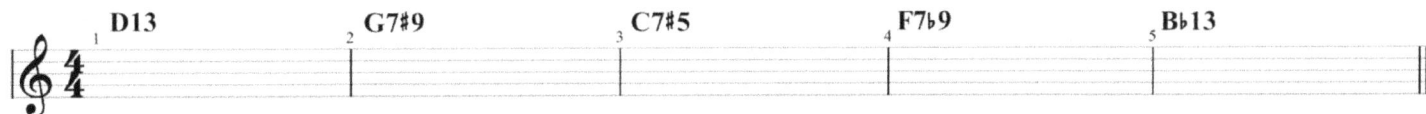

2)

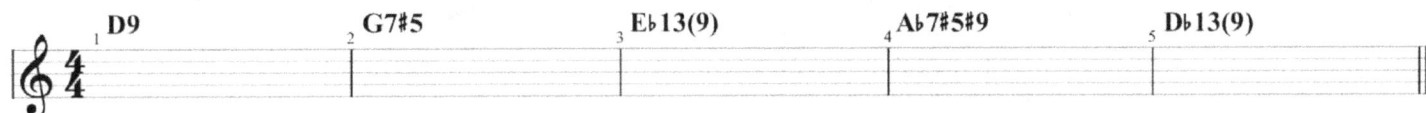

(9) = incluye la 9na en el acorde de 13va.

3)

Las mismas extensiones aplican si utilizas los tonos guía de séptima mayor, de séptima menor o de séptima menor b5. Los siguientes diagramas muestran todas estas posibilidades con las fundamentales en las cuerdas 6ta y 5ta. Todos ellos se muestran en la tonalidad de C. Las notas fundamentales se muestran con cuadrados blancos, los tonos guía se muestran mediante círculos negros y las extensiones se muestran mediante círculos blancos.

Tonos guía de 7ma menor/7ma menor b5 con extensiones

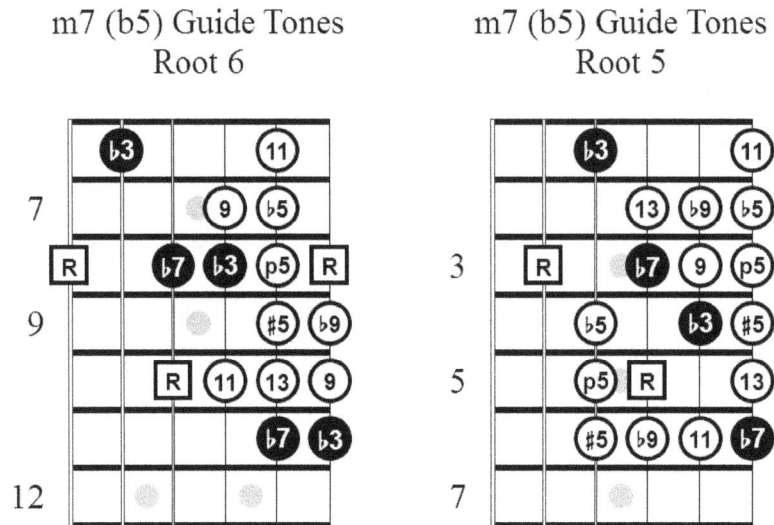

m7 (b5) Guide Tones
Root 6

m7 (b5) Guide Tones
Root 5

Tonos guía de 7ma mayor con extensiones

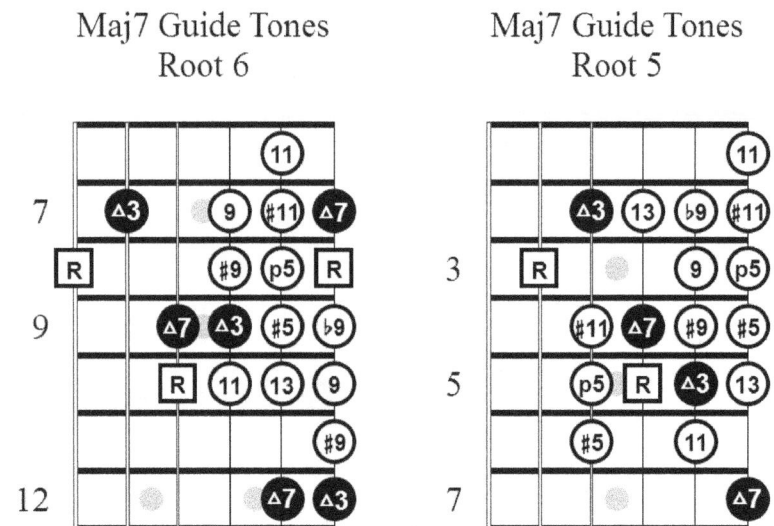

Maj7 Guide Tones
Root 6

Maj7 Guide Tones
Root 5

*Maj7#9 y maj7b9 se ven muy rara vez, aunque el sexto modo de la escala menor armónica se armoniza para convertirse en un acorde maj13#9#11, de manera que los acordes maj7#9 pueden surgir de vez en cuando. Sólo asegúrate de que el #9 esté dispuesto una octava por encima de la 3ra mayor.

Con los acordes de tipo maj7, se debe tener cuidado al nombrar los intervalos b5 y #11 que se utilizan a menudo indistintamente, aunque esto es teóricamente incorrecto. Maj7b5 implica que la 5ta natural ha sido sustituida con el b5, mientras que maj7#11 implica que podría haber una 5ta natural y un #11 en el acorde, aunque esto no es una práctica común en los voicings de guitarra.

Tonos guía de 7ma dominante con extensiones

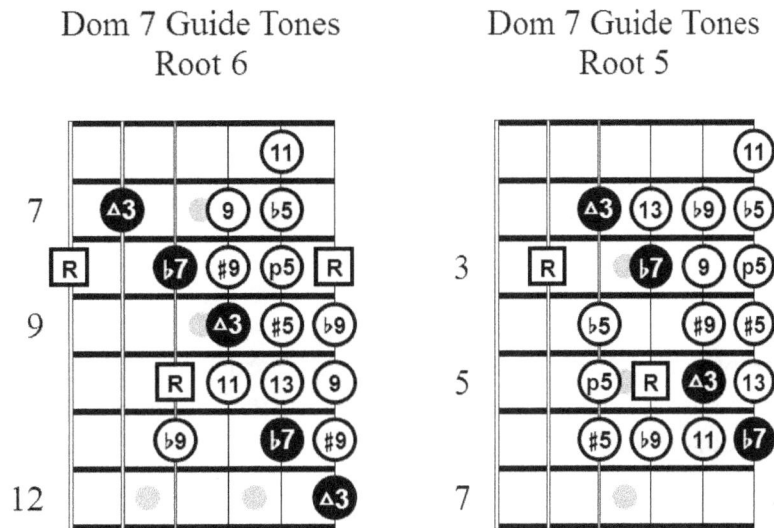

Dom 7 Guide Tones Root 6

Dom 7 Guide Tones Root 5

b5 = #11

#5 = b13

Estas dos páginas son dos de las más útiles en este libro. Aquí se resume cada voicing de acorde básico y se muestra cómo cualquier acorde simple o complejo se puede digitar con sólo tres o cuatro notas. Te sugiero que copies los diagramas de estas páginas y los pegues en la pared del lugar donde practicas. Haz un esfuerzo para memorizar estos intervalos y utilízalos en tu interpretación.

Capítulo 8: Aplicación de voicings de tono guía extendidos

Los últimos tres capítulos contenían una gran cantidad de información que probablemente tomará algunas semanas para memorizarse y comprenderse. Será útil examinar algunos enfoques para ayudarte a interiorizar y acceder rápidamente a estos acordes.

Vamos a empezar por mirar una progresión de acordes común que contiene todos los cuatro tipos de acordes básicos.

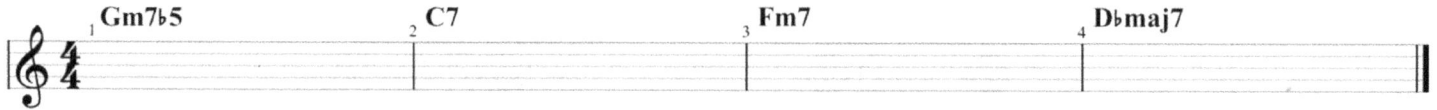

| Gm7b5 | C7 | Fm7 | Dbmaj7 |

Primero, asegúrate de que puedes tocar esta progresión de acordes con las formas del capítulo 2 con las fundamentales en las cuerdas 6ta, 5ta y 4ta, y que puedes moverte fácilmente entre los acordes en las cuerdas adyacentes. Este proceso se describe en detalle en el capítulo 2.

A continuación, toca la secuencia de acordes utilizando sólo voicings de fundamental y tono guía. Encuentra tantas rutas posibles como puedas a través de los cambios. Este proceso se describe en el capítulo 5.

Cuando hayas ganado confianza con estos voicings pasa a añadir *sólo* una extensión a cada acorde. Usa la misma extensión en cada acorde, cuando sea posible.

Vamos a empezar con los acordes de 9na tocando la fundamental del primer acorde en la quinta cuerda.

Ejemplo 8a:

| Gm9b5 | C9 | Fm9 | Dbmaj9 |

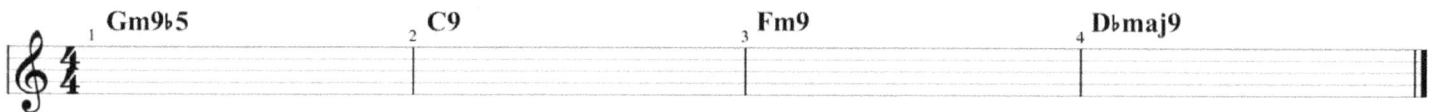

Estos acordes pueden ser dispuestos de la siguiente forma:

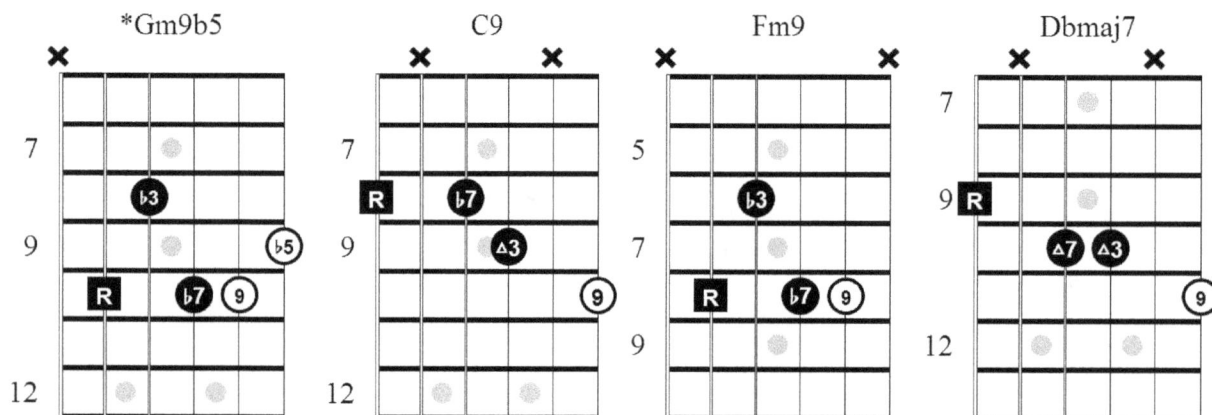

*Cuando se practican los voicings de tono guía de esta manera, los acordes m7b5 siempre plantean un problema. El acorde Gm9b5 anterior es casi imposible de digitar, así que nos obliga a dejar de lado una nota. Si nos adherimos a los "verdaderos" voicings de tono guía + fundamental, entonces claramente debemos dejar la b5, pero eso nos da exactamente la misma forma que un acorde m9, lo cual en realidad no nos ayuda a distinguir entre los dos acordes.

Podríamos tocar el b5 en la 5ta cuerda como en el siguiente diagrama, pero eso significa dejar de lado la b3. (¡Si tocamos el b3 en la segunda cuerda, entonces no podemos agregar la 9na!). Esta es realmente una muy buena selección de voicing; a pesar de que la 3ra no se toca, el oído parece llenar el vacío.

Gm9b5

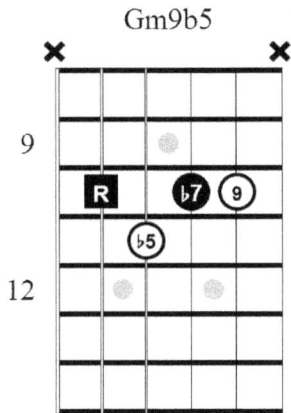

Otra alternativa es omitir la fundamental, a pesar de que no encaja realmente en el sistema de fundamental y tono guía que estamos aprendiendo. Es un gran voicing en ciertos contextos, pero tocado de forma aislada, fácilmente puede sonar como un acorde min/maj7 con una fundamental en la 4ta cuerda:

Gm9b5
(Bb min/Maj7)

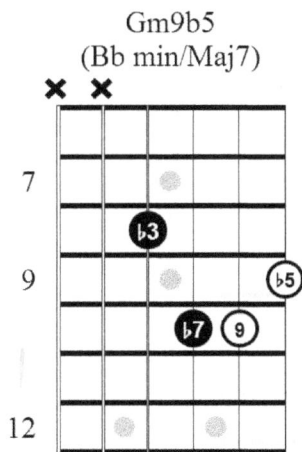

¿Cuál es la respuesta? Bueno, la verdad es que no hay una manera consistente para organizar cada tipo de acorde debido a la organización de las notas en el diapasón de la guitarra. Mi consejo sería diferente en función de tu capacidad y nivel de comodidad con este tipo de material.

Definitivamente me gustaría sugerir que tu punto de partida debería ser omitir la b5 y digitar el acorde con la misma forma que el voicing m9 anterior con el fin de desarrollar un sistema consistente. No obstante, *visualiza* las posibles ubicaciones de b5 y trata de incorporarlas a tu interpretación en una etapa posterior.

A continuación, pasa a tocar cada acorde como un voicing de 11va donde sea posible.

Ejemplo 8b:

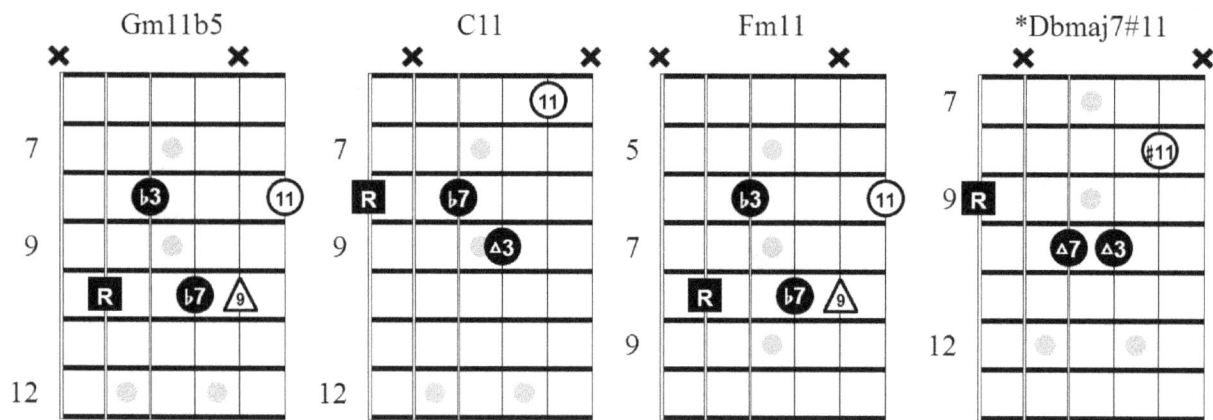

Los acordes de séptima mayor con una 11va natural añadida son bastante raros debido al choque de semitonos entre la 3ra y 11va. Muy a menudo verás la 3ra omitida para formar un acorde sus4.

Los acordes mayores 7#11 son muy comunes, por lo que mi sugerencia es comenzar utilizando #11s en los acordes de séptima mayor.

Te darás cuenta de que, en algunos de los esquemas anteriores, también he incluido las 9as de los acordes en triángulos. Estas son opcionales y se pueden añadir si lo deseas. Recuerda que sólo porque un acorde dice "13" no significa que no se pueda añadir la 9na u 11va. Por ahora, sin embargo, te sugiero que te concentres en la adición de sólo una extensión a los tonos guía. La idea de este ejercicio es permitirte aprender el diapasón en términos de intervalos. Mantenerlo sencillo acelerará el proceso.

Ahora repite el proceso con los acordes de 13va.

Los acordes maj13 necesitan atención en su forma de disponer los voicings. Existe un potencial choque de semitonos entre la 13va (6ta) y la b7. Asegúrate de que la 13va está siempre en una octava más alta que la b7.

Ejemplo 8c:

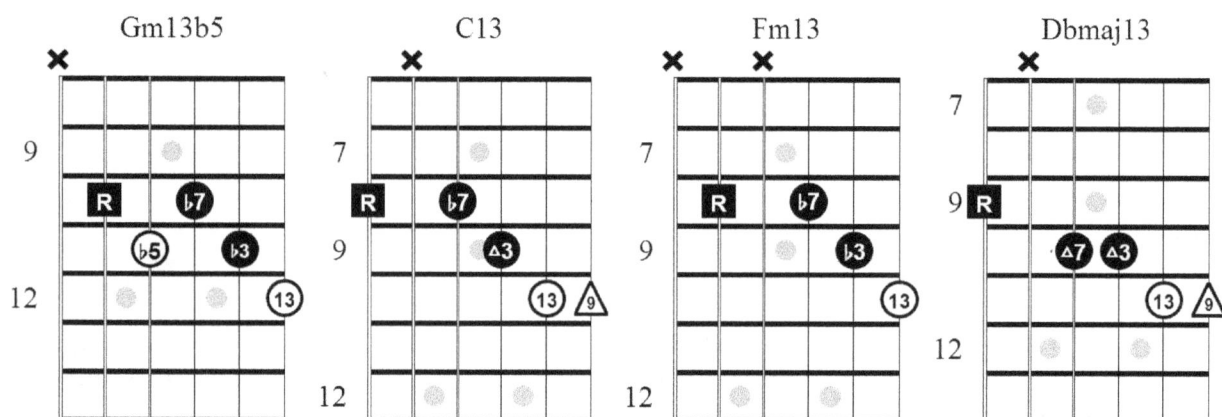

Antes de continuar repite esta sección, pero esta vez toca la progresión de acordes usando acordes sin fundamentales.

Por ejemplo, el ejercicio anterior se tocaría así:

Ejemplo 8d:

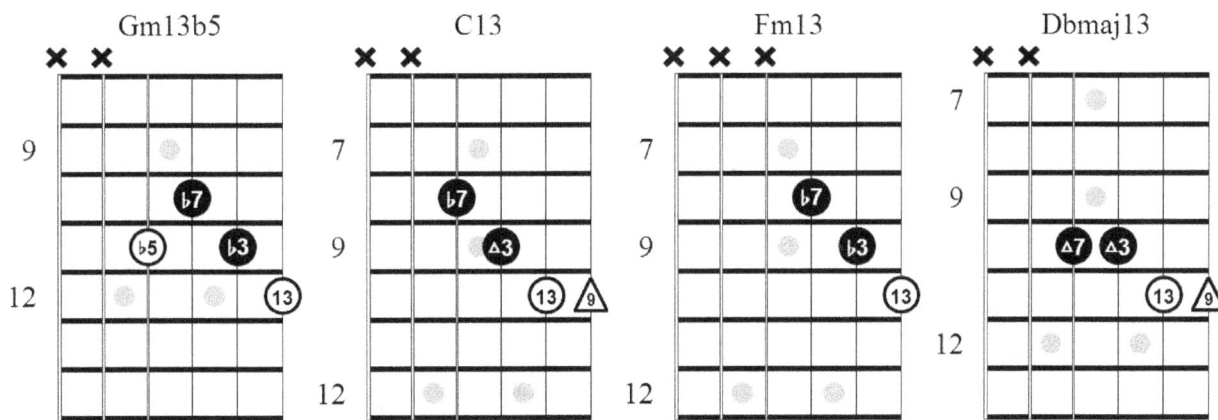

Esto puede parecer demasiado difícil, pero pasar por este proceso realmente te abrirá algunas nuevas posibilidades de digitación y te dará muchas opciones cuando empieces a añadir melodías e ideas de bajo caminante en el libro tres. También te ayudará en gran medida para interiorizar las ubicaciones de los intervalos en el diapasón y luego para comenzar a reconocer *sustituciones de acordes* comunes que se abordarán con gran detalle en el libro dos.

Ahora ve a través de los mismos pasos, pero aplica el proceso a los acordes utilizando voicings que empiecen en la 6ta cuerda. Este es tu punto de partida para la exploración:

Ejemplo 8e:

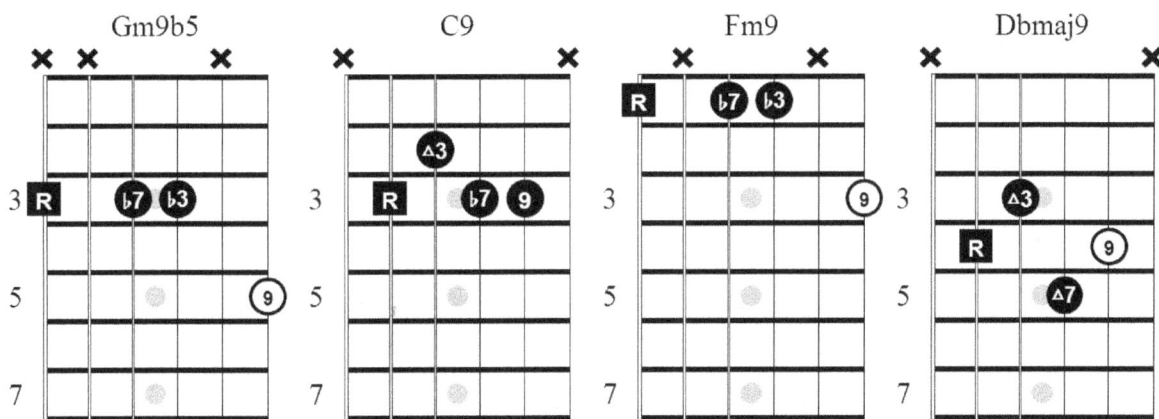

Recuerda mantenerlo sencillo y metódico; el objetivo es aprender la ubicación de las extensiones en esta posición.

La etapa siguiente es comenzar a incorporar extensiones alteradas a los acordes dominantes. Puedes utilizar la progresión anterior y añadir extensiones alteradas al acorde C7, aunque debido a que sólo hay un acorde dominante en la progresión, va a tomar un tiempo interiorizar los sonidos y permutaciones disponibles.

Sugiero emplear la siguiente progresión para ayudarte a introducir extensiones alteradas a los acordes dominantes.

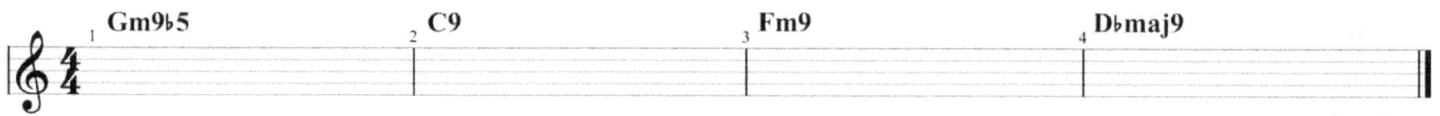

Comienza agregando una extensión para cada acorde. En el siguiente ejemplo se agrega un #5 (b13) a cada acorde dominante.

Ejemplo 8f:

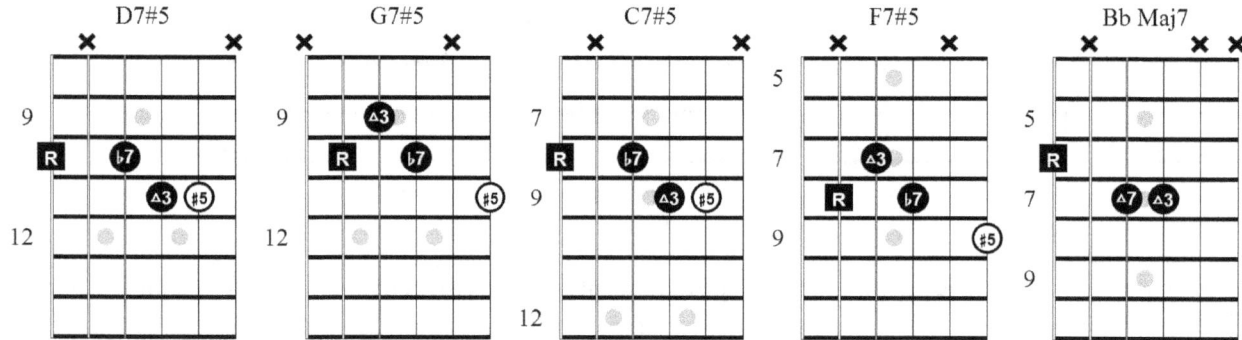

Cambia la extensión alterada que agregas cada vez y trabaja en las dos posiciones en el diapasón. Si tienes problemas digitando cualquiera de los voicings, puede que tengas que volver a usar voicings sin fundamental ocasionalmente.

A medida que adquieras confianza, trata de combinar dos extensiones alteradas diferentes. Las combinaciones posibles son:

b5	b9
b5	#9
b5	9
5	b9
5	#9

También puedes combinar la 13va con una extensión alterada si el patrón de digitación lo permite.

Recuerda que las extensiones alteradas son las más apropiadas para progresiones donde el acorde dominante es *funcional*. Esto significa que el acorde dominante se está moviendo hacia otro acorde, normalmente uno que está a una distancia de una 4ta o una 5ta.

Cuando el acorde dominante es estático, a menudo es inadecuado añadir extensiones alteradas de esta manera, aunque hay algunas excepciones a ambas reglas.

Los siguientes conjuntos de cambios de acordes son grandes herramientas de trabajo para probar nuevas ideas de extensiones y para desarrollar una gama de licks de cambio de acordes que puedes aplicar a muchas progresiones de jazz comunes.

| Bbmaj7 | G7 | Cm7 | F7 | Dm7 | G7 | C7 | F7 |
| Fm7 | Bb7 | Ebmaj7 | Ebm7 | Dm7 | G7 | Cm7 | F7 |

| Em7b5 | A7 | Dm7 | | Am7b5 | D7 | Gm7 | |
| Bb7 | A7 | Dmaj7 | | | | | |

Por supuesto, hay muchísimas progresiones de jazz a las que puedes aplicar estos conceptos. Consigue un ejemplar de *The Real Book* y escoge unas cuantas canciones al azar para probarte a ti mismo. Este es el mejor tipo de práctica.

Capítulo 9: Acordes de séptima disminuida

Hasta ahora, hemos visto cómo se forman y se tocan los cuatro acordes de séptima más comunes, y vamos a echar un vistazo a algunas de las estructuras que se encuentran un poco fuera del sistema que hemos estado utilizando hasta ahora. Los acordes de los capítulos siguientes son todos muy comunes en el jazz.

Vamos a empezar con el acorde de séptima disminuida.

Como se vio en el capítulo 1, una tríada disminuida consiste en los intervalos de escala 1 b3 b5. Un acorde de séptima disminuida agrega un intervalo de bb7 (doble bemol 7) a esta tríada para producir la fórmula

1 b3 b5 bb7.

En la tonalidad de C esta fórmula genera las notas C Eb Gb Bbb (A).

El acorde de séptima disminuida se produce naturalmente cuando se armoniza el 7mo grado de la escala menor armónica.

Mientras que el bb7 es armónicamente la misma nota que la 6ta, esta estructura siempre es vista como un voicing de 7ma.

Al colocarlo sobre el diapasón, te darás cuenta de que las notas de un acorde disminuido tienen una calidad inusual.

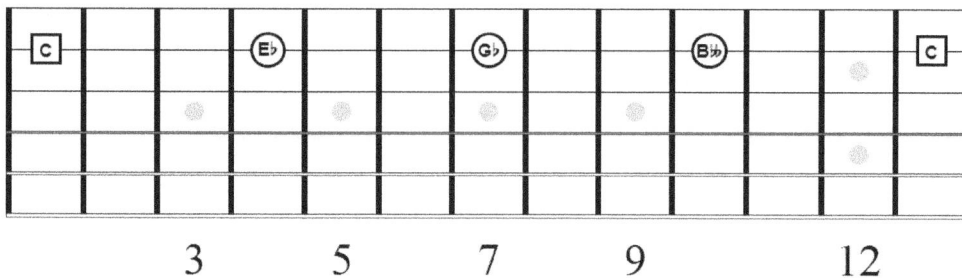

Cada nota está a una 3ra menor (un tono y medio) de distancia. Esto tiene algunas consecuencias teóricas de largo alcance, pero por ahora es importante darse cuenta de sólo una cosa:

Las notas de los acordes de C dim7, Eb dim7, Gb dim7 y A dim7 son las mismas. Esta simetría conduce a algunas posibilidades interesantes en términos de modulación (cambios de tonalidad) que estudiaremos en la tercera parte.

Los acordes disminuidos tienen un sonido reconocible al instante, ¡y eran comúnmente utilizadas en las películas de terror antiguas y por J. S. Bach!

Puedes digitar acordes de 7ma disminuida con fundamentales en la 6ta, 5ta y 4ta cuerdas.

Ejemplo 9a:

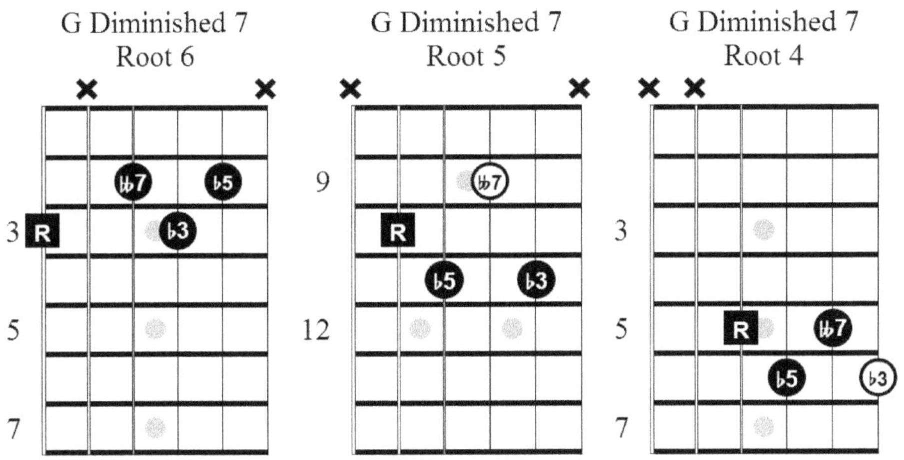

Para crear ese sonido clásico de horror de Hammer Films, trata de mover un acorde de séptima disminuido hacia arriba o hacia abajo por el intervalo de una 3ra menor:

Ejemplo 9b:

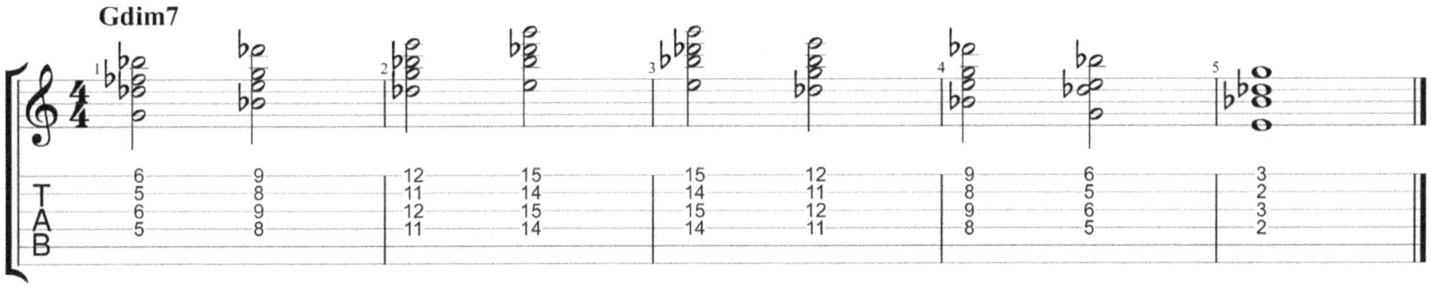

Prueba esto con cada uno de los tres voicings de acordes anteriores.

Mientras que el acorde disminuido se utiliza como un sonido definido por derecho propio, es muy usado como *sustitución* de otros acordes. Echaremos un vistazo detallado a las sustituciones de acordes comunes en la segunda parte, pero vamos a cubrir una sustitución de séptima disminuida muy importante ahora.

Compara los acordes de C7 y C# de séptima disminuida:

Ejemplo 9c:

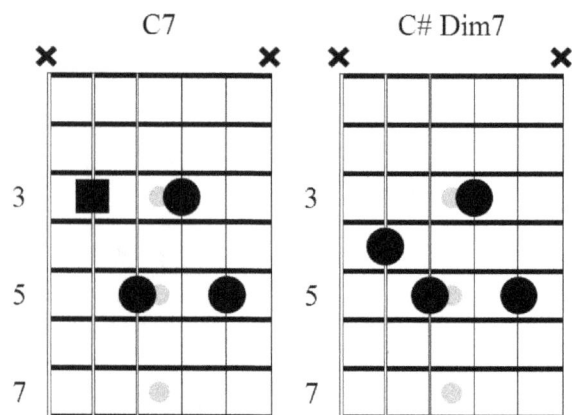

¿Puedes ver que el acorde de C# disminuido contiene exactamente las mismas notas que C7, excepto la fundamental, que se ha elevado en un semitono para convertirse en un intervalo de b9?

Esto se puede ver en el siguiente diagrama de intervalos.

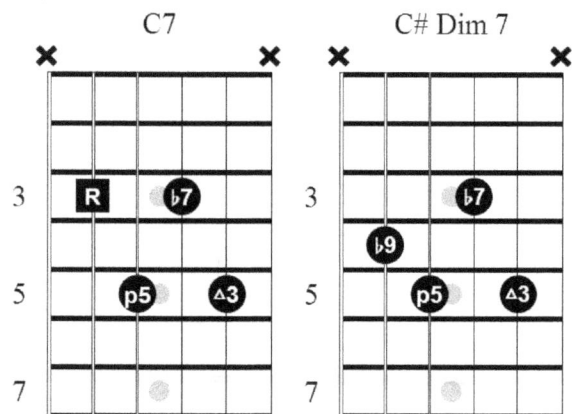

Un acorde de C# disminuido contiene exactamente las mismas notas que un acorde C7b9 sin fundamental. Esta ha sido una de las sustituciones más comunes en la música durante mucho tiempo.

Por razones de practicidad y para la construcción de un sistema consistente de sustituciones, muchos músicos de jazz ven este cambio como si se construyera un acorde de séptima disminuida en la *3ra* de un acorde dominante. Recuerda que los acordes de séptima disminuida son simétricos, por lo que C# de séptima disminuida contiene las mismas notas que los acordes siguientes:

C# dim7 - E dim7 - G dim7 - Bb dim7.

Por razones que se aclararán en el capítulo 14 normalmente es más fácil ver una sustitución de acorde construido en un tono de acorde como la 3ra, en lugar de un tono "no de acorde" como el b9, a pesar de que técnicamente son la misma cosa.

Esta sustitución funciona de maravilla cada vez que te encuentres con un acorde dominante funcional. Todo lo que tienes que hacer para implicar un acorde 7b9 es tocar un acorde dim7 en la 3ra del acorde de dominante original.

Por ejemplo, en la progresión de acordes siguiente:

Gm7   **C7**   **Fmaj7**

Podemos sustituir el acorde E dim7 por el acorde C7 para crear un sonido C7b9:

Ejemplo 9d:

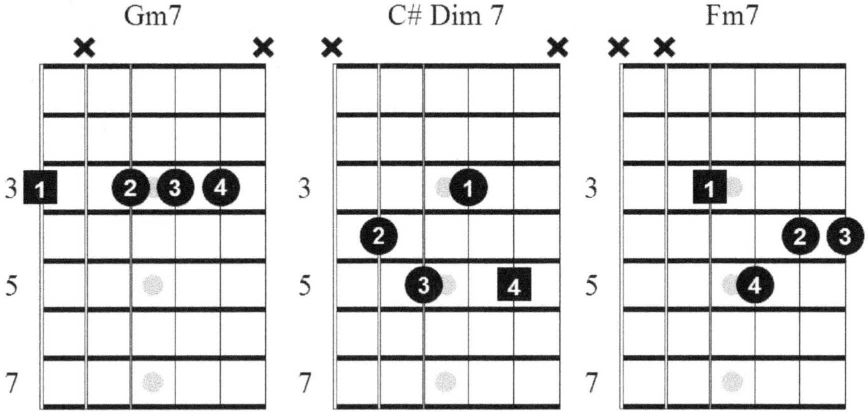

Gm7   C# Dim 7   Fm7

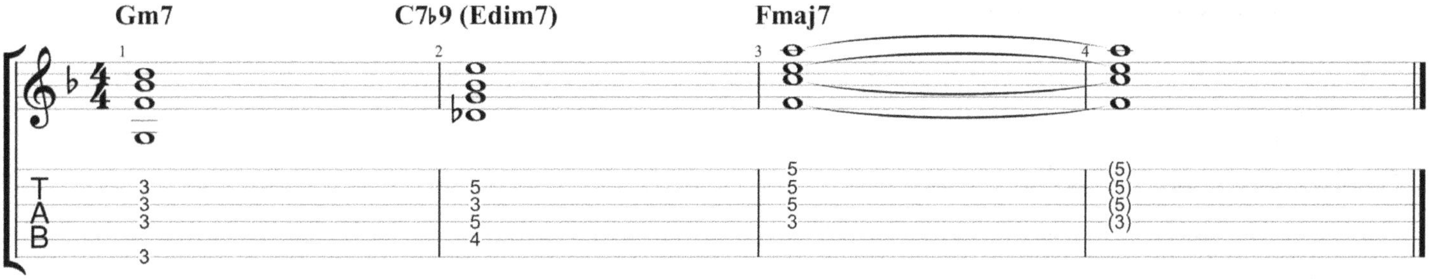

Gm7   C7b9 (Edim7)   Fmaj7

Debido a su naturaleza simétrica, no hay ninguna razón por la que no podamos usar más de una sustitución disminuida en el acorde C7. Trata de mover el acorde disminuido por tres trastes hacia arriba antes de resolver al acorde Fmaj7:

Ejemplo 9e:

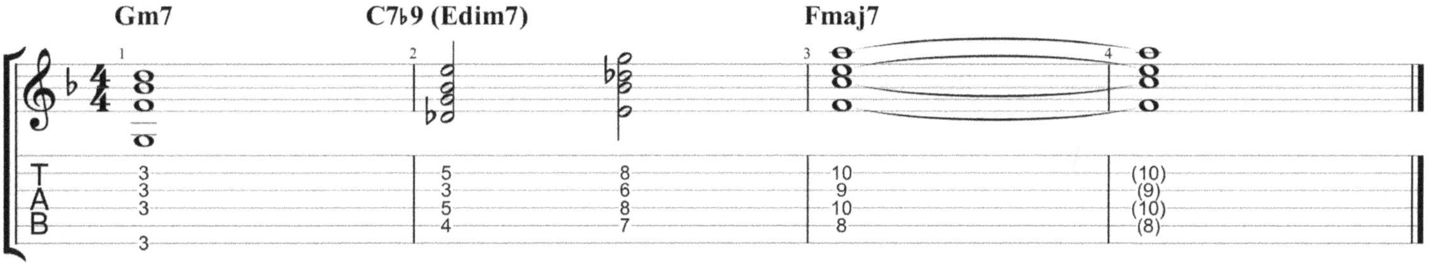

Gm7   C7b9 (Edim7)   Fmaj7

Los voicings diferentes del mismo acorde se llaman *inversiones*.

Mientras que toques con buen ritmo, puedes tocar tantos voicings de las sustituciones de séptima disminuida como desees en lugar del acorde de séptima dominante original.

Aunque es un poco anticuado, esta es la primera sustitución de acordes que muchos músicos de jazz aprenden, ya que da acceso instantáneo a un sonido dominante alterado.

El acorde de séptima disminuida puede ser un poco difícil de digitar al principio. Un consejo para los voicings en las cuerdas 5ta y 6ta es desarrollar tu destreza con los dedos digitando primero un acorde de séptima dominante y luego modificarlo rápidamente a la digitación de dim7. Por ejemplo, trata de moverte entre las siguientes digitaciones:

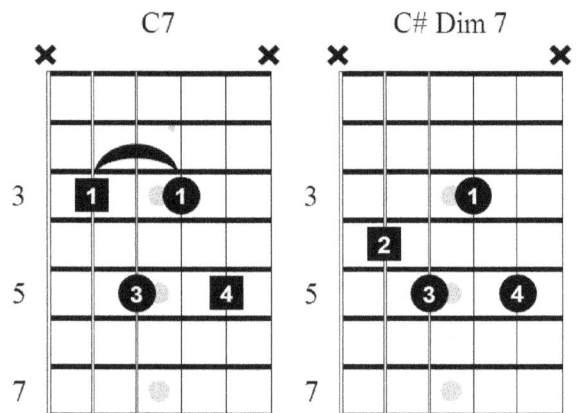

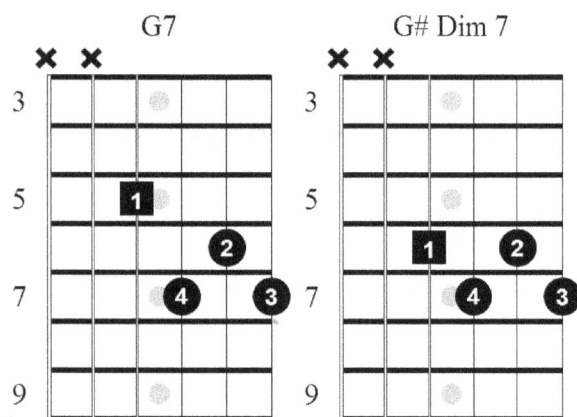

C7   C# Dim 7

G7   G# Dim 7

Yo recomendaría pulsar el acorde dim7 de la 6ta cuerda con la siguiente digitación:

66

G Diminished 7
Root 6

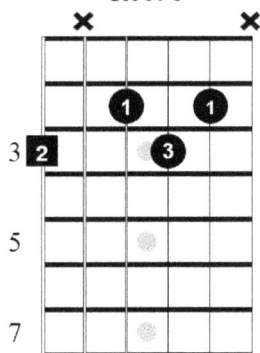

Un uso común del acorde de séptima disminuida es en el compás seis de un jazz blues:

Ejemplo 9f:

Utilizar el acorde E dim7 en el compás seis tiene el efecto de crear un acorde Eb7b9 que añade un poco de tensión antes de resolver de nuevo a la Bb fundamental de la progresión.

Trata de usar una sustitución disminuida para cada uno de los acordes de séptima dominante en los dos últimos compases de la progresión.

En lugar de

Bb7	G7	Cm7	F7
6	3	8	6
7	4	8	8
6	3	8	7
6	3	8	8

Toca un acorde dim7 en la 3ra (o b9) de cada acorde de séptima:

Bb7	Bdim7	Cm7	Adim7
6	6	8	4
7	7	8	5
6	6	8	4
6	7	8	5

Practica esta sustitución disminuida con voicings basados en la 6ta, 5ta y 4ta cuerdas.

Recuerda la siguiente regla: "cualquier acorde dominante funcional puede ser sustituido por un acorde disminuido construido en la 3ra para crear un sonido 7b9."

Capítulo 10: Acordes de sexta mayor y menor

Los acordes de sexta mayor y menor se utilizan con frecuencia en muchos tipos de música, sobre todo en el jazz de principios de época. Es extremadamente útil conocerlos.

Los acordes de sexta mayor tienen la fórmula 1 3 5 6.

Los acordes de sexta menor tienen la fórmula 1 b3 5 6.

En contextos modales es posible que de vez en cuando tengas que tocar un b6 en un acorde menor, aunque es bastante infrecuente.

Acordes de sexta mayor

Hay dos maneras de pensar acerca de los acordes de sexta mayor, ya sea como la tríada (1 3 5) con la 6ta añadida o como un acorde de séptima mayor en donde la 7ma se ha bajado en un tono. Ambos enfoques son útiles.

Los acordes de sexta mayor se ven a menudo en la notación simplemente como "6" o "M6", por ejemplo C6 o CM6, aunque el primero podría ser más común.

Puedes tocar acordes de sexta mayor con las fundamentales en el 6ta, 5ta y 4ta cuerdas de las siguientes maneras:

Ejemplo 10a:

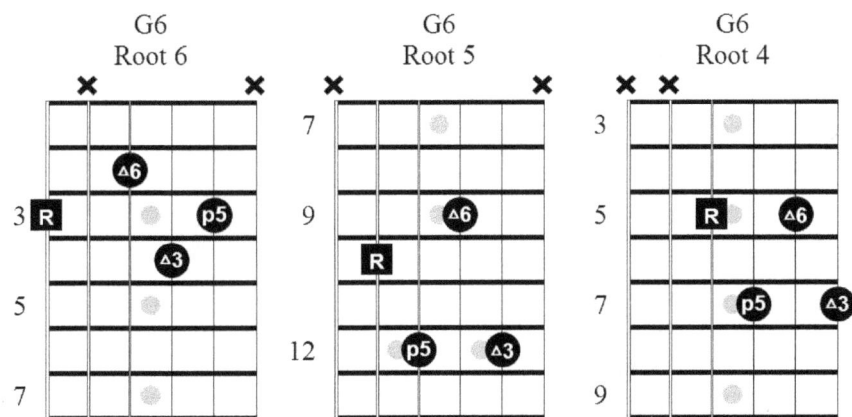

Examina los siguientes diagramas y verás por qué un acorde de sexta mayor puede ser pensado como uno de séptima mayor con la 7ma bajada en un tono:

Ejemplo 10b:

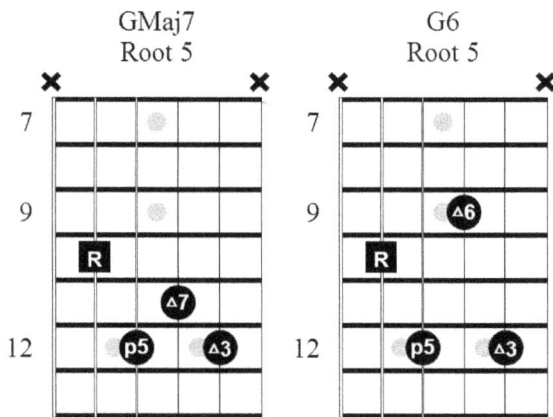

Los acordes de sexta mayor tienen un sonido bastante brillante y se utilizan normalmente como una sustitución directa de un tipo de acorde mayor o de séptima mayor.

Por ejemplo, en la secuencia de acordes

Ejemplo 10c:

Ciertamente se podría tocar lo siguiente.

Ejemplo 10d:

A pesar de que muchas tablas de acordes antiguas mencionan la sexta mayor, un enfoque más moderno sería sustituir el acorde de sexta mayor por uno de séptima mayor.

Toca la siguiente progresión de acordes a partir de las cuerdas 6ta, 5ta y 4ta

Sustituciones para el acorde de sexta mayor

Estudia las notas en el acorde de C6

1 3 5 6 = C E G A

Si reorganizamos el orden de las notas a

A C E G

¿Puedes ver que hemos descrito a la perfección un acorde de A de séptima menor? Con una fundamental de A, las notas A C E G nos dan la fórmula 1 b3 5 b7.

Podemos utilizar un acorde de A de séptima menor como una sustitución directa de un acorde C6.

Para poner esto en términos más generales: "para crear un sonido de sexta mayor podemos tocar un acorde de séptima menor basado en la 6ta del acorde original".

Con sustituciones de este tipo es importante utilizar un voicing de registro bastante alto de la sustitución, de lo contrario existe el peligro de que la sustitución no sea oída en la forma deseada. Si la fundamental de la sustitución es demasiado grave, el oyente podría escucharla como la verdadera fundamental del acorde, cuando en realidad se trata de una extensión.

Por ejemplo, si el bajista está tocando una nota o figura de C grave, podemos utilizar un voicing Am7 para que el oyente escuche un acorde C6.

Aquí hay dos voicings de Am7, uno grave y uno agudo:

Ejemplo 10e:

El segundo voicing suena mucho mejor, ya que está en un registro más alto, a pesar de que contiene las mismas notas. Una regla general es que es preferible que las extensiones, es decir, la 6ta, estén en un registro alto para que el oyente las oiga como se pretende.

Cuando estoy usando sustituciones de esta manera, a menudo apunto a tocarlas sólo en las cuatro cuerdas más altas, o al menos disponerlas en la mitad superior del diapasón de la guitarra cuando ejecuto acordes con la fundamental en la 5ta cuerda. La experimentación es la clave aquí, así que confía en tus propios oídos.

En la segunda parte de este libro vamos a aprender muchas inversiones de acordes comunes, por lo que tendrás muchas maneras de disponer cualquier estructura de acordes. Con esta información será fácil utilizar *siempre* un voicing de registro más alto de una sustitución de acorde.

Por ahora, pruébate a ti mismo analizando cuál acorde de séptima menor se puede utilizar como una sustitución para crear los siguientes acordes:

1) G6

2) Bb6

3) F6

Respuestas abajo.[1]

Para practicar, trabaja con las siguientes progresiones de acordes utilizando tanto los voicings "6" de posición fundamental desde antes y sustituyendo un acorde m7 en el 6to grado del acorde maj6.

Bb6 – Bb D F G

Eb6 – Eb G Bb C

G6 – G B D E

D6 – D F# A B

1)

---

1. 1) Em7, 2) Gm7, 3) Dm7

2)

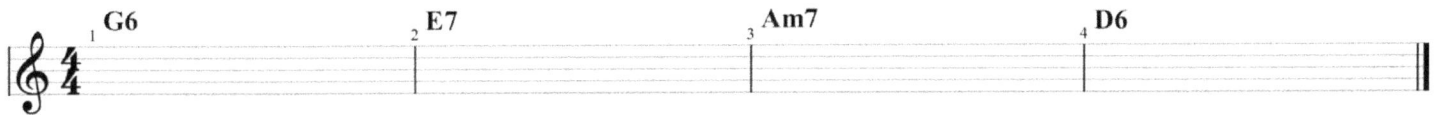

Acordes de sexta menor

Los acordes de sexta menor tienen la fórmula 1 b3 5 6. Pueden ser vistos como una tríada menor (1 b3 5) con una 6ta añadida, o como un acorde de séptima menor con la 7ma bajada en un semitono. En la tonalidad de C la fórmula 1 b35 6 genera las notas C Eb G A.

Los acordes de sexta menor a menudo se utilizan directamente en lugar de los acordes m7 pero a veces el uso de un acorde m6 tiene algunas implicaciones sutiles al hacer solos.

Los acordes de sexta menor se pueden disponer a partir de la 6ta, 5ta y 4ta cuerdas de las siguientes maneras.

(Tonalidad de G)

Ejemplo 10f:

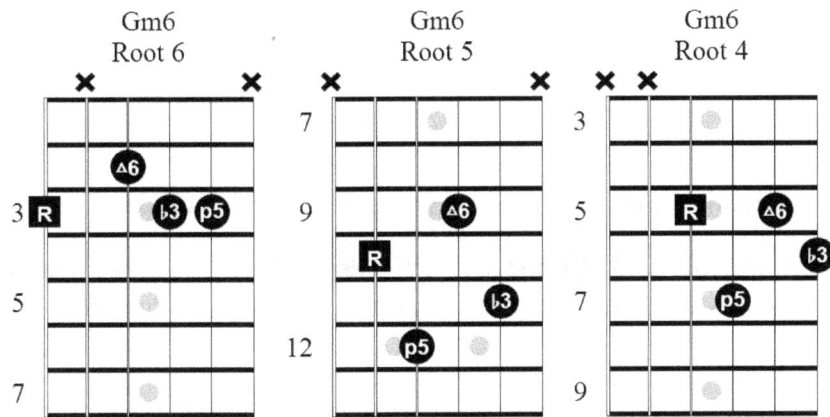

El siguiente diagrama muestra que un acorde m6 puede ser visto como un acorde m7 con el b7 bajado en un semitono:

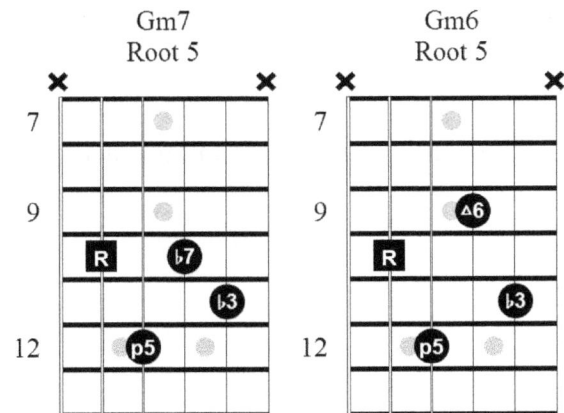

La siguiente progresión es una de las más comunes en las que se utiliza un acorde de sexta menor. Observa el acorde de séptima menor/mayor, del cual aprenderás más en el capítulo 12.

Ejemplo 10g:

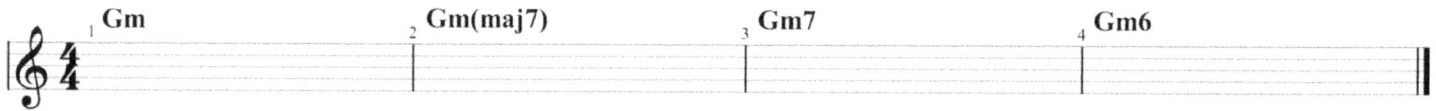

Esta secuencia se puede tocar:

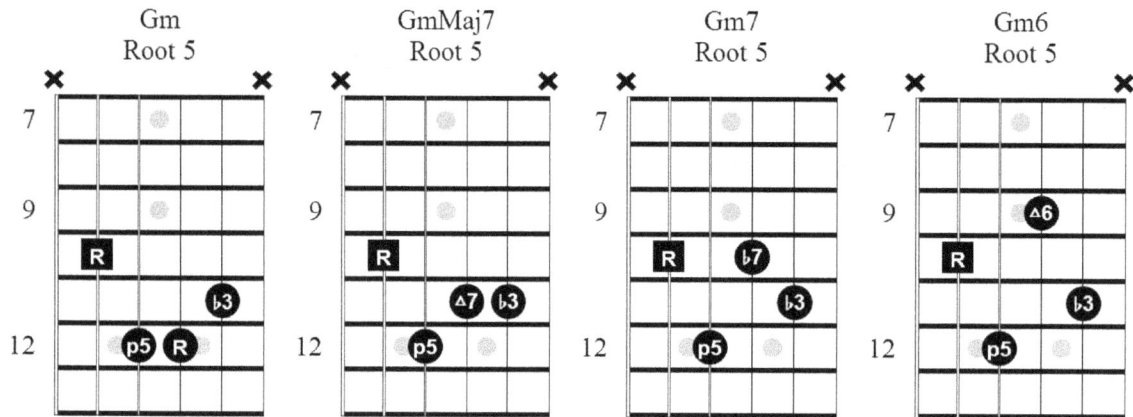

Como se puede ver, la fundamental del acorde desciende en un semitono con cada cambio de acorde.

Si ves un acorde m6 en una tabla de acordes, normalmente está allí por una razón específica. Puede ser que la nota de la melodía de la canción sea una 6ta, o más probablemente la tabla te está diciendo que este acorde es el acorde tónico en una progresión *menor melódica*.

Sin profundizar demasiado en la teoría musical, el acorde tónico (I) de una escala menor melódica se armoniza para convertirse en un acorde minMaj7 (pronunciado "de séptima menor mayor"). Es un acorde *menor* con una 7ma *mayor* y tiene la fórmula 1 b3 5 7. Esto es algo así como un acorde "tenso" y no es realmente con un sonido tan estable como podrías esperar en un acorde tónico.

Los acordes de séptima menor/mayor son geniales, pero tienen un sabor muy particular que no siempre es apropiado para una balada menor como se oyó en el ejemplo anterior. A menudo, la solución de un compositor es reemplazar el mMaj7 tónico con un m6. (Aunque para un muy buen uso de un acorde mMaj7 como un tónico, echa un vistazo a la versión de Miles Davis de *Solar*)

Si estás haciendo solos y ves un acorde m6, una buena primera opción de escala es a menudo la menor melódica.

Sustituciones para el acorde de sexta menor

Tal como pudimos sustituir un acorde m7 construido en la sexta del acorde de sexta mayor, podemos hacer algo similar para el acorde de sexta menor.

Observa las notas en el siguiente diagrama:

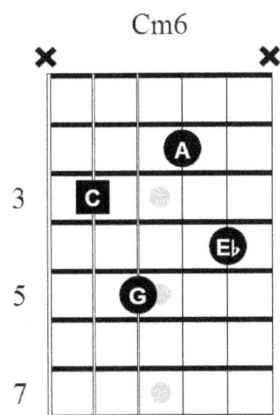

Si reorganizas las notas así

A C Eb G,

podrás ver que se ha descrito perfectamente un acorde Am7b5. Con una fundamental de A, las notas A C Eb G nos dan la fórmula 1 b3 b5 b7.

Esto significa que un acorde m7b5 tocado una sexta por encima de la fundamental crea un acorde m6.

Para transferir este concepto a otras tonalidades, simplemente cuenta hasta una sexta mayor desde la fundamental y toca un acorde m7b5 en esa nota.

Por ejemplo, para crear un acorde Gm6, tocarías un Em7b5 sobre una nota de G grave.

Para crear un acorde Bm7 tocarías un acorde de G#m7b5 sobre una nota de B grave.

¿En qué nota sustituirías un acorde m7b5 para formar los siguientes acordes m6? Respuestas abajo.[2]

1) Dm6

2) Am6

3) F#m6

Una de las ventajas de la guitarra es que puede ser un instrumento muy visual. Si sabes cómo se ve un intervalo de sexta mayor en la guitarra, siempre podrás encontrar rápidamente la sustitución correcta.

El intervalo de sexta mayor siempre se va a ver así con una fundamental en la sexta cuerda:

---

2. 1) Bm7b5, 2) F#m7b5, 3) Dm7b5

Major 6th
Interval

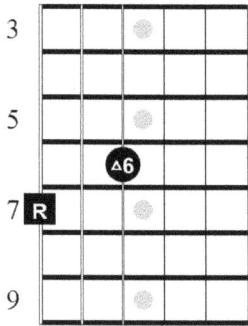

3
		●			
5
		●			
	△6				
7 R
		●			
9
		●			

Sabemos del capítulo 2 que podemos tocar un acorde m7b5 con una fundamental en la 4ta cuerda de la siguiente manera:

m7b5 Chord
4th String Root

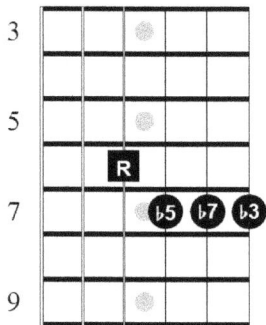

3
		●			
5
		●			
	R				
7
		♭5	♭7	♭3	
9
		●			

Combinando estos dos diagramas podemos mostrar que una buena manera de visualizar el acorde m6 es la siguiente:

m6 Substitution
Shape
✗

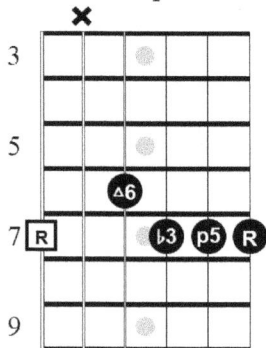

3
		●			
5
		●			
	△6				
7 R
		♭3	p5	R	
9
		●			

Todo lo que tienes que hacer es visualizar las notas de las tres cuerdas más altas en el mismo traste que la fundamental de la sexta cuerda.

El mismo método funciona para la formación de un acorde de sexta mayor con un acorde m7:

Major 6 Substitution
Shape

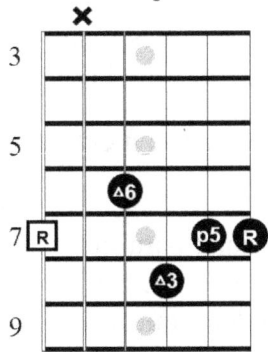

Estas visualizaciones son un buen punto de partida en el aprendizaje de estas sustituciones de acordes, pero con la práctica aprenderás a aplicar al instante sustituciones importantes sin esfuerzo y de forma instantánea.

Vamos a aprender muchísimo más acerca de las sustituciones en la segunda parte de este libro, pero por ahora trata de encontrar tantas formas diferentes como sea posible para disponer estas importantes sustituciones de acordes de sexta.

Capítulo 11: Acordes 6/9 mayor y menor

Los acordes 6/9 mayor pueden tener un sonido un poco ambiguo, ya que contienen dos extensiones y ningún 7mo grado que los defina. Además, cuando se disponen en la guitarra, la 3ra es omitida muy a menudo.

La fórmula para un "verdadero" acorde 6/9 mayor es 1 3 5 6 9, aunque los tonos de acorde que se incluyen a menudo dependerán de poder encontrar una digitación conveniente en la guitarra.

Los acordes 6/9 mayor se utilizan a menudo como el acorde final de una canción de jazz para crear un sonido particular "de finalización" que habrás escuchado en numerosos outros. A menudo se utilizan como una sustitución directa para cualquier tipo de acorde mayor o de séptima mayor porque añaden riqueza y color a la progresión.

En la tonalidad de C, la fórmula 1 3 5 6 9 genera la siguiente serie de notas:

C E G A D

Casi siempre querrás disponer las extensiones 6 y 9 en una octava más alta que la fundamental.

Como un verdadero voicing 6/9 mayor es un acorde de cinco notas, al menos una nota normalmente se omitirá en la guitarra. Estos acordes 6/9 mayor se tocan a menudo como voicings sin fundamentales que omiten la 3ra. Mientras que la omisión de la 3ra puede parecer "en contra de las reglas", el oído humano es muy bueno para rellenar los espacios, sobre todo cuando se tocan estos tipos de acordes en el contexto diatónico correcto.

Vamos a ver algunas de las características únicas de los acordes 6/9 que omiten la 3ra más adelante en este capítulo, pero por ahora aprende estos voicings básicos del acorde 6/9 mayor en la tonalidad de G:

Ejemplo 11a:

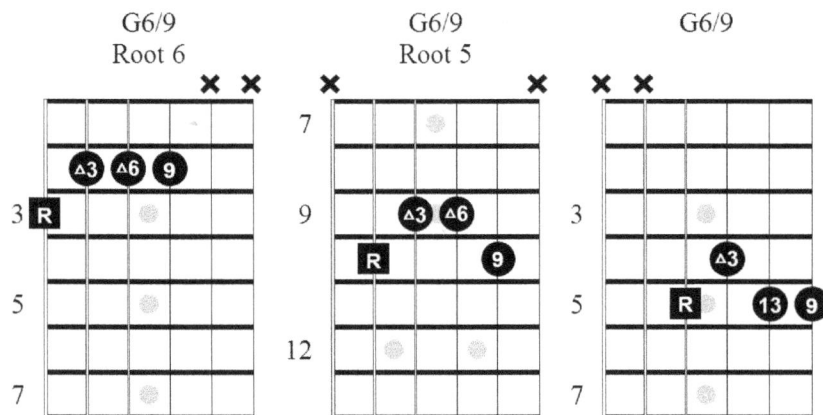

La siguiente serie de diagramas muestra cómo se pueden disponer los acordes 6/9 menor:

Ejemplo 11b:

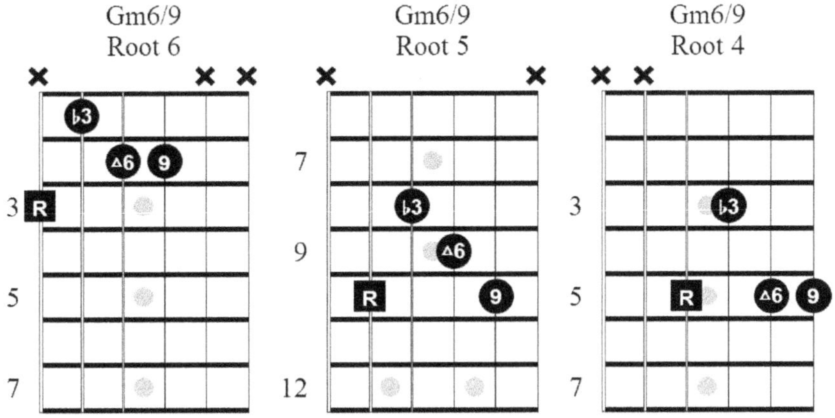

Los acordes 6/9 menor son muy buenas sustituciones para cualquier acorde ii en una progresión. En la siguiente secuencia ii V I en F Mayor, he utilizado un acorde 6/9 menor para el acorde ii, y un acorde 6/9 mayor para el acorde I.

Ejemplo 11c:

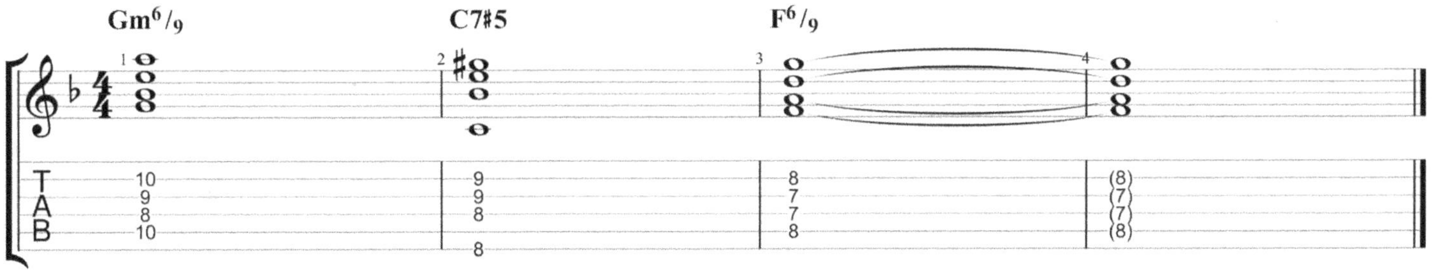

Trata de tocar la misma secuencia en diferentes áreas del diapasón y explorar tantas maneras de utilizar estos voicings como sea posible.

Hay algunos trucos que puedes utilizar al disponer acordes 6/9 que no tengan una 3ra.

En el siguiente diagrama, el acorde 6/9 se dispuso en las cuatro primeras cuerdas de la guitarra y este voicing *no* incluye una 3ra. Deberías aprender esta forma, ya que es un voicing de guitarra muy común. La fundamental del acorde está marcada para tu referencia- es opcional.

Ejemplo 11d:

A 6/9
(No 3rd)

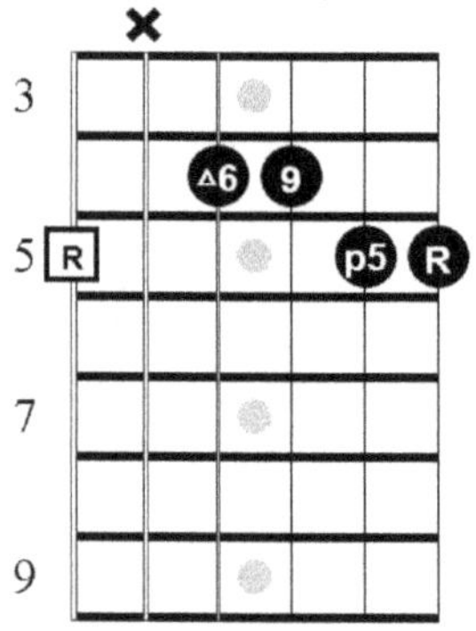

Una característica interesante de los acordes 6/9 es que puedes mover la fundamental hacia arriba por una 4ta (a través de una cuerda) y crear otro acorde 6/9 con un voicing diferente:

D 6/9

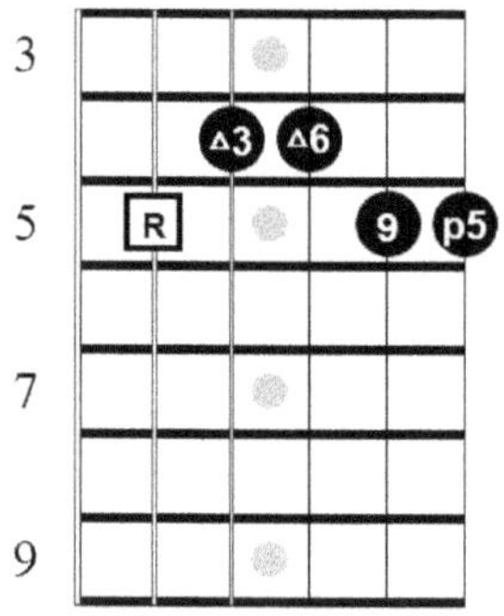

Prueba tocando la siguiente progresión de acordes:

Ejemplo 11e:

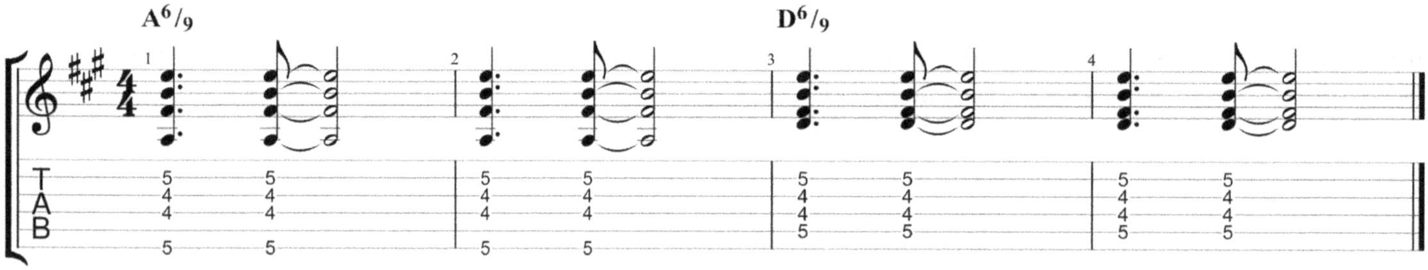

Debido a esta característica, puedes obtener dos voicings a partir de la misma forma, simplemente deslizando la estructura del acorde 6/9 hacia arriba y hacia abajo. Por ejemplo, el acorde A6/9 se puede tocar como

Ejemplo 11f:

A 6/9   A 6/9

[Diagramas de acordes para guitarra. Primer diagrama: trastes 3, 5, 7, 9 con notas Δ6, 9, R, p5, R. Segundo diagrama: trastes 9, 12, 15 con notas Δ3, 13, R, 9, p5.]

o

De hecho, esta idea se utiliza como un final común. Escucha y aprende el siguiente final de jazz común. Observa cómo uso la cuerda A abierta para proporcionar una nota de bajo a los dos voicings 6/9 finales:

Ejemplo 11g:

[Partitura y tablatura de guitarra con los acordes: Bbm7, Eb9, Bm7, E7b5b9, A6/9.]

Como se muestra en el ejemplo 11b, los acordes 6/9 se pueden utilizar tanto como un acorde mayor I y mayor IV. También se pueden utilizar como un voicing de acorde dominante, lo que implicaría un sonido "de 13va". Sin embargo, como no contienen un grado b7, por lo general no son un voicing común.

Si usas voicings de acordes 6/9 que no incluyan la 3ra, también pueden resultar excelentes acordes *d*óricos.

A veces en la música, un acorde simplemente se puede escribir para darle al intérprete del ritmo la libertad para utilizar su propia interpretación de una tonalidad específica. Es posible que aparezca escrita una progresión de acordes larga y estática, algo así como "C dórica" o "C lidia". El compositor quiere que uses voicings y extensiones que impliquen una modalidad determinada. Para "C dórica" tal vez quisieras destacar las extensiones b7 9 11 y 13. Para la "C lidia" desearías utilizar voicings que acentúen la #11.

La fórmula para el modo dórico es 1 2 b3 4 5 6 b7, por lo que el voicing 6/9 anterior con la fórmula 1 5 6 9 se puede utilizar para implicar las extensiones de un acorde 6/9 menor sin un b3. Por esta razón, es un voicing tónico útil tanto para la escala armonizada mayor como la dórica armonizada. Ya que el modo dórico se construye en el segundo grado de la escala mayor, el voicing 1 5 6 9 funciona como una armonización del acorde ii.

Si quisieras, podrías tocar los cuatro primeros acordes del estándar de jazz *Autumn leaves* de la siguiente manera:

Ejemplo 11h:

Los acordes 6/9 son muy versátiles y pueden ser utilizados en una amplia variedad de contextos diferentes.

Capítulo 12: Acordes de séptima menor/mayor

El acorde m(Maj7) se produce de forma natural en la música cuando se armonizan los acordes tónicos, tanto de la escala menor armónica como de la menor melódica. Tiene la fórmula 1 b3 5 7 y en la tonalidad de C esto genera las notas C Eb G B.

Menor armónica = 1 2 b3 4 5 b6 7

Menor melódica = 1 2 b3 4 5 6 7

Como se explicó en la sección de acordes de sexta menor, los compositores a menudo evitan el uso del acorde m(Maj7) como punto de resolución tónico debido a la naturaleza inestable de este acorde.

Algunos voicings de tono guía útiles para este acorde incluyen los siguientes.

Ejemplo 12a:

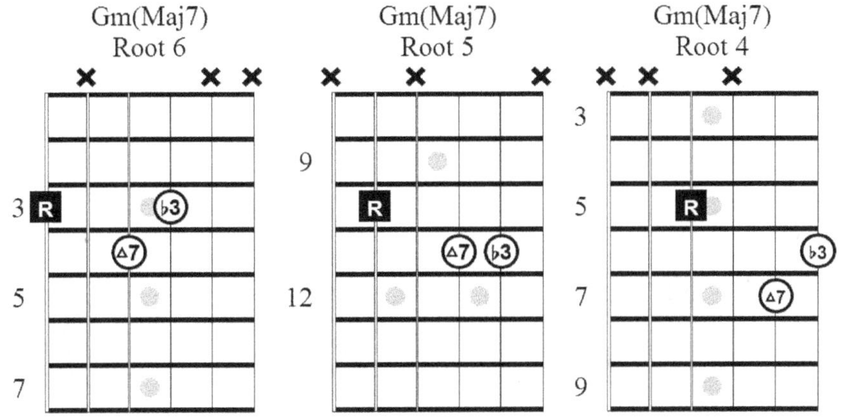

Éstos se pueden tocar de las siguientes maneras como acordes 1 b3 5 7 completos.

Ejemplo 12b:

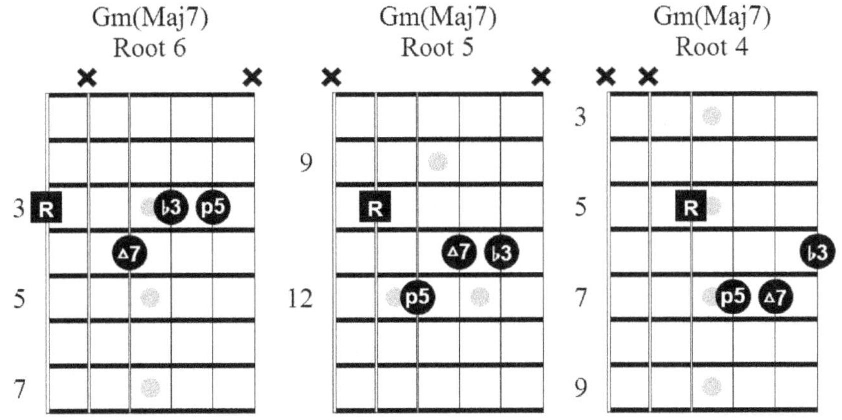

Estos acordes son raramente utilizados en cualquier lugar que no sea un acorde tónico en una progresión derivada de cualquiera de las escalas menores armónicas o melódicas.

Ya hemos visto una progresión común que utiliza el acorde m(Maj7):

En la progresión anterior, la nota tónica (G) se puede escuchar descendiendo un semitono a medida que te mueves a través de los voicings.

En resumen, se puede tocar la progresión anterior de la siguiente manera:

Los acordes menores (Maj7) surgen bastante comúnmente en las canciones de jazz en tonalidad menor, tales como *My funny valentine* y *Solar*.

Capítulo 13: Acordes de séptima mayor b5 y séptima mayor #5

El acorde de séptima mayor b5

Como aprendimos en el capítulo 7, con los acordes de tipo maj7, se deben tener algunos cuidados al nombrar los intervalos b5 y #11 que se utilizan a menudo indistintamente, aunque esto es teóricamente incorrecto. Maj7b5 implica que la 5ta natural ha sido sustituida por la b5, mientras que maj7#11 implica que podría haber una 5ta natural y un #11 en el acorde, aunque esto no es una práctica común en los voicings de guitarra.

Esto significa que un acorde maj7b5 contiene técnicamente los intervalos

1 3 b5 7.

Un acorde maj7#11 *podría* contener los intervalos 1 3 5 7 y #11.

El voicing más grande es posible en el piano, donde existe la posibilidad de esparcir las notas para que estén alejadas en un acorde denso, pero en la guitarra esto no siempre es una opción para nosotros. Generalmente los guitarristas omiten la 5ta en un acorde maj7#11, por lo que se hace intercambiable con un acorde maj7b5.

El acorde maj7#11 se forma naturalmente cuando armonizamos el 4to grado de la escala mayor. Es el "acorde lidio" definitivo.

Aquí hay tres voicings comunes.

Ejemplo 13a:

Como se puede esperar, este acorde se puede utilizar directamente en lugar del acorde IV en una progresión mayor.

Ejemplo 13b:

A veces también se utiliza en lugar del acorde tónico en los finales de jazz.

Ejemplo 13c:

Trata de usar el acorde maj7#11 como un sustituto para el acorde IV en una progresión mayor y como un acorde I "colorido".

El acorde de séptima mayor #5

El acorde maj7#5 se produce naturalmente en las escalas menor armónica y menor melódica armonizadas. Se forma cuando se construye un acorde en el grado b3 de cualquiera de las dos escalas.

La fórmula para un acorde maj7#5 es 1 3 #5 7.

A partir de una fundamental de C, esto genera las notas C E G# B.

A diferencia del acorde maj7#11, no hay ambigüedad aquí con respecto a los #11s y b5s. Nunca vas a tocar una 5ta natural y una #5 en el mismo acorde.

A pesar de ser un acorde "legítimo" construido a partir de un grado de escala de escalas comunes, el maj#5 no es un sonido particularmente común en la música.

Puedes disponer un acorde de séptima mayor #5 de la siguiente manera en la guitarra.

Ejemplo 13d:

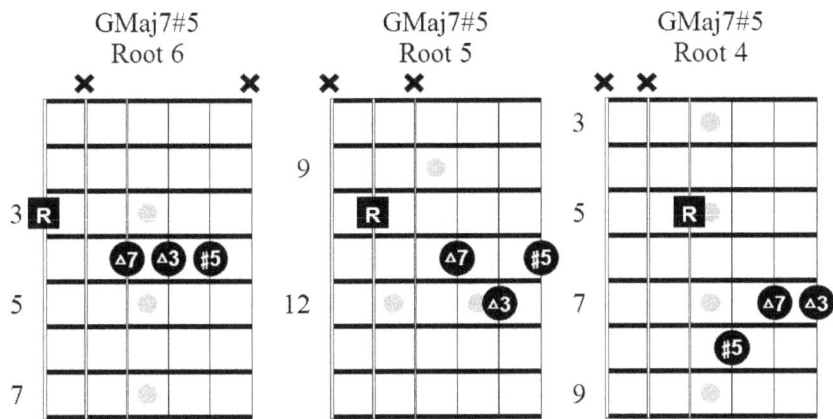

GMaj7#5 Root 6   GMaj7#5 Root 5   GMaj7#5 Root 4

Los acordes maj7#5 muy a menudo se tocan sin fundamentales, ya que pueden ser vistos como una tríada sencilla mayor tocada sobre una nota de bajo.

Por ejemplo, en un acorde maj7#5 en la tonalidad de G (arriba) tenemos las notas:

G B D# y F#

Podemos reorganizar estas notas para revelar una tríada mayor de B (B, D# y F#), que cuando se toca sobre la fundamental G crea un acorde maj7#5.

Esto se puede ver más fácilmente en los siguientes diagramas.

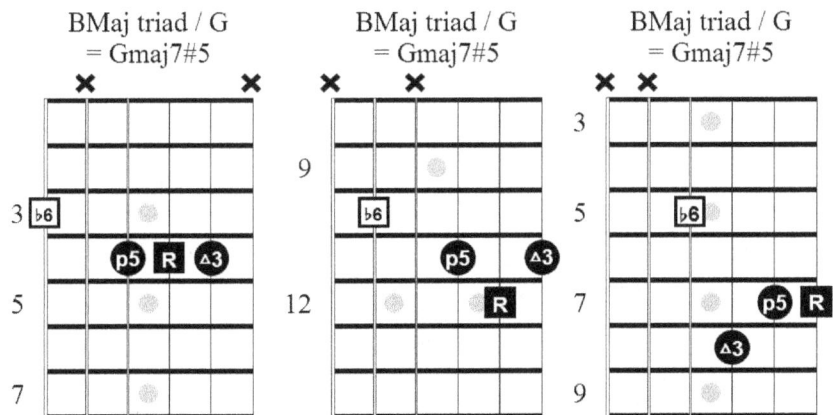

BMaj triad / G = Gmaj7#5   BMaj triad / G = Gmaj7#5   BMaj triad / G = Gmaj7#5

Un nombre para este tipo de voicing de "tríada sobre una nota de bajo" es un "acorde slash" (/), ya que puede definirse como una tríada X/Y nota de bajo.

En este caso, el acorde "Gmaj7#5" puede ser visto como "B mayor/G".

Para formar un sonido maj7#5 podemos tocar una tríada mayor una 3ra mayor encima de la fundamental.

Para formar un sonido Cmaj7#5 podemos tocar una tríada de E mayor sobre C.

¿Cómo utilizarías un voicing de acorde slash para formar los siguientes acordes?

1) DMaj7#5

2) EMaj7#5

3) BMaj7#5

Respuestas en la parte inferior de la página.[3]

Los acordes slash pueden ser un concepto difícil de poner en práctica al principio. Comienza por aprender las formas de tríada mayor 1 3 5 de los diagramas anteriores y luego aprende a colocarlos rápidamente en la 3ra mayor de la nota fundamental deseada.

Uso de acordes de séptima mayor #5

El uso más común de un acorde maj7#5 es un acorde tónico alterado. Las siguientes progresiones muestran dos ejemplos típicos de esto mismo en contexto.

Ejemplo 13e:

Ejemplo 13f:

---

3. 1) F# mayor / D 2) G# mayor / E 3) D# mayor / B

Capítulo 14: Construcción de acordes extendidos con sustituciones diatónicas

Hasta este punto en el libro, generalmente hemos ido seleccionando intervalos específicos para formar determinados tipos de acordes. En este capítulo vamos a tratar con mayor profundidad la idea de las sustituciones diatónicas. Vamos a entrar en mucho más detalle en la segunda parte de esta serie, pero por ahora es importante que comprendas algunos conceptos esenciales antes de seguir adelante.

Una sustitución "diatónica" es aquella en la cual el *acorde sustituto* se origina en la *misma tonalidad* o escala armonizada que el *acorde original*.

El uso más común de este principio es construir acordes con extensiones naturales al "apilar" intervalos de manera continua encima de una nota grave.

Por ejemplo, tomemos la escala de C mayor:

C	D	E	F	G	A	B	C	D	E	F	G	A	B	C
(1)	2	(3)	4	(5)	6	(7)	1	(9)	3	(11)	5	(13)	7	1

Sabemos que podemos construir un acorde Cmaj7 de la siguiente manera:

1 3 5 7 (C E G B)

Un acorde de Cmaj9 que contiene *todas las notas* se forma con:

1 3 5 7 9 (C E G B D).

Un acorde de Cmaj11 se forma con:

1 3 5 7 9 11 (C E G B D F).

Y un acorde de Cmaj13 se forma con:

1 3 5 7 9 11 13 (C E G B D F A).

Como se discutió previamente, normalmente no deseamos incluir todas las notas en estos acordes extendidos, así que a menudo descartamos intervalos menos importantes como la 5ta y la fundamental cuando los construimos.

Otra forma de alcanzar las extensiones más altas de un acorde es utilizar una sustitución. Con la construcción de un nuevo acorde de séptima a partir de uno de los tonos de acorde del acorde original, podemos llegar a las "estructuras superiores" (extensiones) fácilmente y usar formas de acordes que ya conocemos para implicar un sonido de acorde extendido más rico.

Observa las notas en Cmaj9; C E G B D.

Si nos deshacemos de la fundamental (C), nos quedamos con las notas E G B D. Estas notas forman un acorde Em7.

Al tocar un acorde de Em7 sobre una nota de bajo de C hemos creado un sonido Cmaj9.

El siguiente ejemplo muestra este concepto tocado en la guitarra. La fundamental (C) se incluye sólo como referencia. El acorde Em7 se muestra en los puntos negros y se dan los intervalos que se refieren a la nota fundamental de C.

Ejemplo 14a:

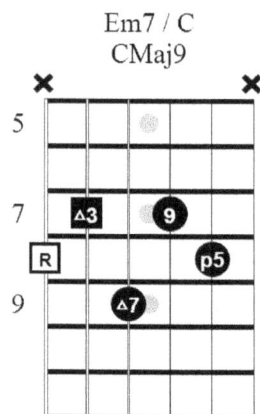

Con el simple uso de un acorde Em7 en lugar de un acorde Cmaj7, hemos creado un sonido Cmaj9. La nota C no se toca en este voicing, lo cual a menudo es deseable, pues otros instrumentos como el bajo, normalmente la estarán tocando.

La regla es que siempre podemos tocar un acorde m7 en la 3ra de un acorde maj7 para crear un acorde maj9.

De hecho, podemos utilizar un acorde "de séptima" construido en la 3ra de cualquier otro acorde de séptima para extenderlo hasta la 9na.

Si conocemos la escala mayor armonizada, siempre podemos simplemente saltar una tercera para saber qué acorde de séptima utilizar como sustitución. Aquí está la escala armonizada de C mayor.

I	ii	iii	IV	V	vi	vii
Cmaj7	Dm7	Em7	Fmaj7	G7	Am7	Bm7b5

En el ejemplo anterior, utilizamos el acorde iii (Em7) como una sustitución para formar un acorde Cmaj9.

Intervalo desde C	1	3	5	7	9
Cmaj7		C	E	G	B	
Em7			E	G	B	D

Ahora, formemos un acorde Dm9 de la misma manera.

Intervalo desde D	1	b3	5	7	9
Dm7	D	F	A	C	
Fmaj7		F	A	C	E

Esto se puede ver en la guitarra de la siguiente manera:

Ejemplo 14b:

FMaj7/D
Dm9

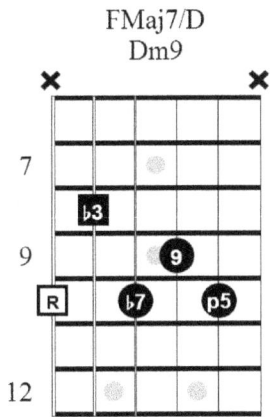

Construyendo un acorde maj7 en la b3 de un acorde de séptima menor, creamos un acorde m9 sin fundamental.

El mismo proceso se puede utilizar para construir un acorde de 9na dominante.

Para formar un acorde de 9na dominante, podemos tocar un acorde m7b5 de la 3ra de un acorde de 7ma dominante.

Al poner esto en la tonalidad de C, podemos usar el acorde Bm7b5 implicar un sonido G9 sin fundamental.

Intervalo desde G	1	3	5	b7	9
G7	G	B	D	F	
Bm7b5		B	D	F	A

En la guitarra se ve así:

Ejemplo 14c:

Bm7b5/G
G9

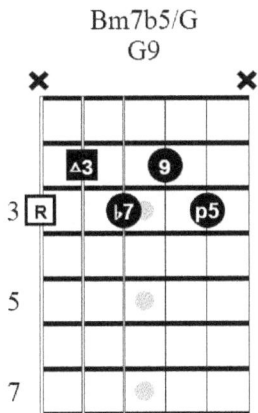

Por último, para crear un sonido m7b5b9, podemos tocar un acorde m7 en la b3 del acorde m7b5 original.

En la tonalidad de C, esto significaría tocar un acorde Dm7 sobre Bm7b5.

Intervalo desde B	1	b3	b5	b7	b9

Bm7b5	B	D	F	A	
Dm7		D	F	A	C

Ejemplo 14d:

Dm7/B
Bm7b5b9

Cada acorde sustituto en este contexto se ha tomado de la escala mayor armonizada. Cuando cada uno de los grados de la escala mayor se armoniza, generamos la siguiente secuencia de acordes.

Esto puede parecer como un montón de reglas, pero debido a que estos ejemplos se derivan de la escala mayor armonizada (que siempre armoniza de la misma manera), estas reglas son constantes. En otras palabras, para formar un sonido maj9, *siempre* puedes tocar un m7 en la 3ra.

A continuación se presenta un resumen de las últimas páginas:

Tipo de acorde original	Sustitución en la 3ra	Acorde extendido sin fundamental
maj7	m7	maj9
m7	maj7	m9
7	m7b5	9
m7b5	m7	m7b5b9

Para evaluarte a ti mismo, analiza cuál acorde podrías construir en la 3ra de los siguientes acordes para formar un voicing "de 9na".[4]

1) Fmaj7

2) Emaj7

3) Gm7

4) Bbm7

5) F7

6) A7

7) Gm7b5

8) Dm7b5

---

4. 1) Am7, 2) G#m7, 3) Bmaj7, 4) Dbmaj7, 5) Am7b5, 6) C#m7b5, 7) Bbm7, 8) Fm7

Si queremos alcanzar las extensiones más altas simplemente podemos construir acordes de 7ma desde la 5ta o incluso la 7ma del acorde original. Es importante recordar que, a medida que el acorde sustituto se aleja de la fundamental del original, estamos reemplazando más tonos de acorde con extensiones y así la tonalidad original puede ser más difícil de oír.

Dale un vistazo de nuevo a la escala de C mayor armonizada.

I	ii	iii	IV	V	vi	vii
Cmaj7	Dm7	Em7	Fmaj7	G7	Am7	Bm7b5

Para construir un acorde Cmaj11 podemos tocar un acorde G7 en la 5ta de Cmaj7.

Intervalo de C	1	3	5	7	9	11
Cmaj7	C	E	G	B		
G7			G	B	D	F

Ejemplo 14e:

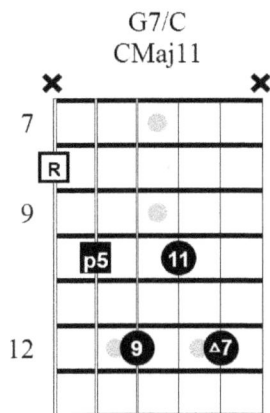

Tocado sobre una nota de bajo de C, el acorde G7 nos da los tonos de acorde 5, 7, 9 y 11.

Notarás que la 3ra mayor determinante ahora se omite (aunque en el caso de un acorde Cmaj11 esto es posiblemente deseable debido al choque entre la 3ra y la 11va).

Cuando usamos estos tipos de sustituciones en la 5ta y 7ma de un acorde, incluimos más extensiones pero menos de los tonos de acorde originales.

En la segunda parte de esta serie vamos a aprender a disponer las estructuras de acordes más importantes en muchas inversiones diferentes, a través de todo el diapasón. Este suele ser el mejor momento para empezar a aplicar sustituciones de estructura superior, ya que podemos controlar fácilmente el rango y el tono de las extensiones añadidas.

Otro asunto a tratar es el rango en el que se toca la sustitución. Siempre va a ser mejor tocar estas sustituciones en los grupos de cuerdas de 1 a 4, 2 a 5 o sencillamente más arriba en el diapasón, donde las extensiones no entran en conflicto con los tonos de acordes interpretados por otros instrumentos.

Hay muchas alineaciones instrumentales diferentes, que van desde una guitarra solista hasta grandes bandas, y el uso de sustituciones de acordes de esta manera a menudo puede depender de la densidad de la armonía y de las partes tocadas por otros los instrumentos.

Teniendo todo esto en mente, vamos a continuar nuestra mirada a la construcción de acordes de 7ma en la 5ta de cada tipo de acorde original.

Recuerda que todas las sustituciones que estamos utilizando son diatónicas a la escala mayor armonizada. Simplemente contando hasta cinco notas arriba desde la fundamental del acorde y mirando la siguiente gráfica, podemos ver fácilmente la sustitución que tenemos que utilizar para crear un acorde de 11va.

I	ii	iii	IV	V	vi	vii
Cmaj7	Dm7	Em7	Fmaj7	G7	Am7	Bm7b5

Para formar un acorde Dm11 podemos tocar un acorde Am7 en la 5ta.

Intervalo desde D	1	b3	5	7	9	11
Dm7	D	F	A	C		
Am7			A	C	E	G

Ejemplo 14f:

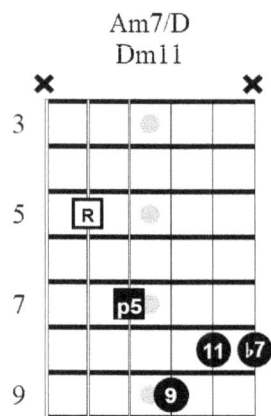

Am7/D
Dm11

Para formar un acorde G11 podemos tocar un acorde Dm7 en la 5ta.

Intervalo desde G	1	3	5	b7	9	11
G7	G	B	D	F		
Bm7b5			D	F	A	C

Ejemplo 14g:

Dm/G
G11

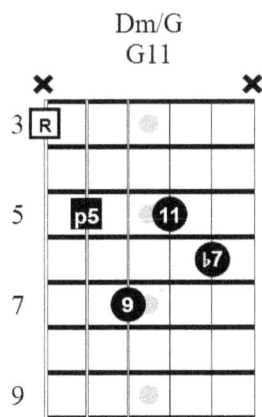

Por último, podemos tocar un acorde Fmaj7 en la 5ta de Bm7b5 para crear un acorde Bm11b5b9:

Intervalo desde B	1	b3	b5	b7	b9	11
Bm7b5	B	D	F	A		
Fmaj7			F	A	C	E

Ejemplo 14h:

FMaj7/B
Bm11b5b9

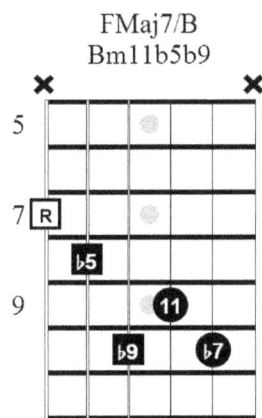

Para resumir las sustituciones de acordes de 7ma en la 5ta puedes utilizar la siguiente tabla.

Tipo de acorde original	Sustitución en la 5ta	Acorde extendido sin fundamental
maj7	7	maj11
m7	m7	m11
7	m7	11
m7b5	maj7	m11b5b9

Por último, antes de fijarnos en algunos usos de estos tipos de acordes, voy a resumir las extensiones que se crean cuando usamos acordes de 7ma construidos en la 7ma de cada acorde.

Tipo de acorde original	Sustitución en la 7ma	Acorde extendido sin fundamental
maj7	m7b5	maj13
m7	maj7	m13
7	maj7	13
m7b5	m7	m13b5b9

Se debe tener mucho cuidado con estas sustituciones construidas en la 7ma, pues ahora el acorde sustituto tiene sólo una nota en común con el acorde original.

Uso de sustituciones diatónicas

Como puedes imaginar, las sustituciones diatónicas construidas en la 5ta y la 7ma son mucho menos comunes que las sustituciones construidas en la 3ra.

Cuando construimos una sustitución de 7ma desde la 3ra, sólo estamos perdiendo la fundamental y reemplazándola por una 9va. Como lo has escuchado lo largo de este libro, la 9na es una extensión muy aceptable y se puede utilizar en casi cualquier lugar.

Prueba tocando la siguiente progresión usando la pista de acompañamiento 1.

Ejemplo 14i:

Esta vez, construye un acorde de 9na en el acorde Cm7 mediante el uso de una sustitución en la b3.

Las notas de Cm7 son C Eb G Bb

Así que puedes utilizar el acorde Ebmaj7 para crear un sonido Cm9.

Toca la progresión de nuevo sobre la pista de acompañamiento 1, pero esta vez sustituye Ebmaj7 por el acorde Cm7.

Ejemplo 14j:

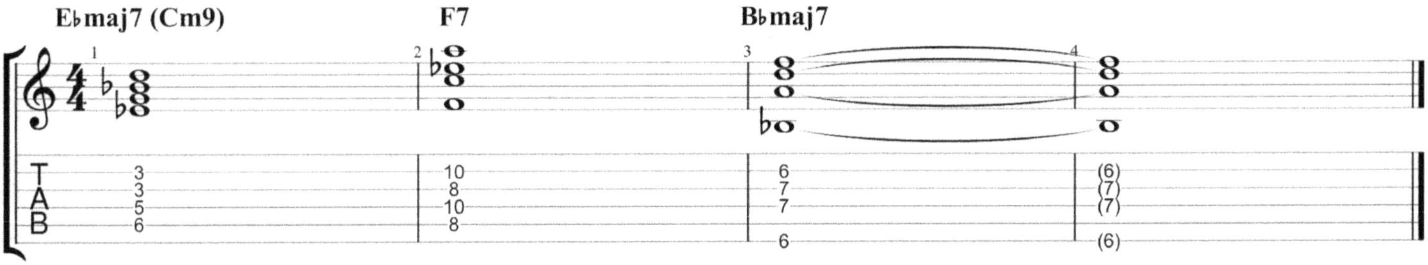

Repite el ejercicio, pero esta vez utiliza la sustitución en el acorde de F7. Para crear un sonido "de 9na" tocamos un acorde m7b5 en la 3ra.

Ejemplo 14k:

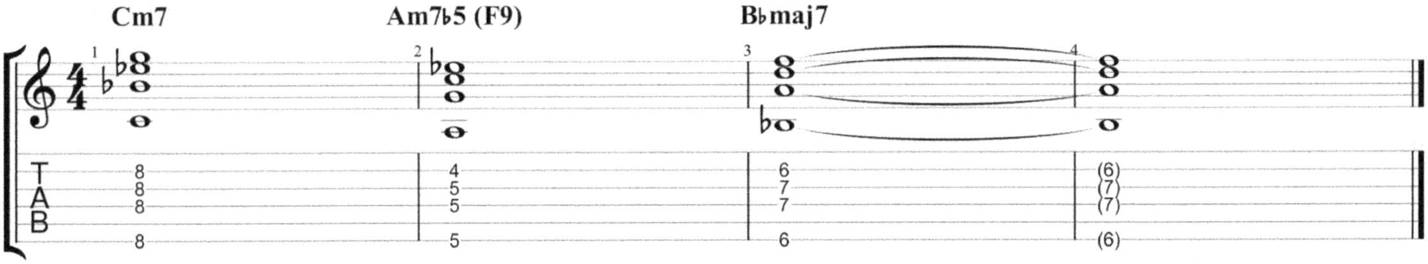

Por último, repite el proceso pero esta vez construye un Bbmaj9. Para crear un sonido maj9 podemos tocar un acorde m7 en la 3ra.

Ejemplo 14l:

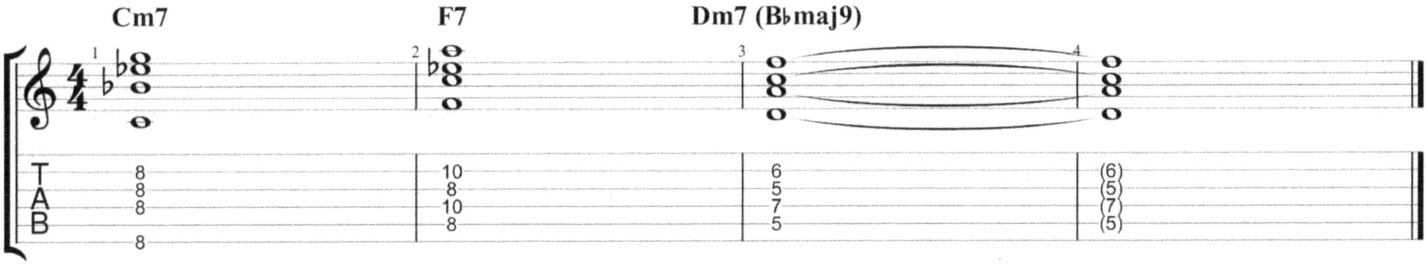

Como estamos tocando estas sustituciones con una línea de bajo fuerte en la pista de acompañamiento, es fácil escuchar cómo funciona la sustitución para construir una 9na en cada acorde.

Si tienes una sección de ritmo fuerte o una pista de acompañamiento, normalmente puedes añadir tantas sustituciones de 9na como desees. Trata de combinar las tres sustituciones anteriores:

Ejemplo 14m:

Prueba esto con y sin la pista de acompañamiento y observa cómo cambia el contexto de los acordes.

Al usar este sistema para construir acordes en la 5ta o 7ma para tener acceso a las extensiones más altas del acorde, normalmente es útil tener un fuerte sentido de la tonalidad. Este tipo de voicings se utilizan a menudo sobre acompañamientos improvisados de acordes estáticos donde no hay mucho movimiento armónico. Incluso entonces, tienen que ser tocados con buen ritmo y colocación.

Durante un acompañamiento improvisado de 8 compases de D de 7ma menor, podemos fácilmente comenzar a usar sustituciones de estructura superior para añadir interés y movimiento a la armonía estática.

Los acordes de 7ma construidos sobre b3 5 y b7 de D menor son:

Intervalo desde D	1	b3	5	7	9	11	13
Dm7	D	F	A	C			
Fmaj7		F	A	C	E		
Am7			A	C	E	G	
Cmaj7				C	E	G	B

La pista de acompañamiento 2 es un acompañamiento improvisado en Dm7.

Practica la superposición de los acordes de Cmaj7, Am7 y Fmaj7 sobre este acompañamiento improvisado. Vuelve a Dm7 de vez en cuando para resolver tu línea de acordes. Toca todos los acordes de sustitución con una fundamental, ya sea en la 5ta cuerda o la 4ta cuerda para prevenir que las extensiones choquen con la parte de la guitarra rítmica.

Ejemplo 14n:

Continuando, es importante que entiendas este tipo de sustituciones, aunque en realidad son sólo la punta del iceberg. La experimentación es la mejor manera de interiorizarlas, pero no te compliques demasiado tan pronto. El concepto de la construcción de un acorde de 7ma desde la 3ra de un acorde original es muy importante, así que asegúrate de haber memorizado y de poder aplicar estos voicings en todas las tonalidades.

Éstos son los más importantes para aprender por ahora, sólo para refrescar la memoria.

Tipo de acorde original	Sustitución en la 3ra	Acorde extendido sin fundamental
maj7	m7	maj9
m7	maj7	m9
7	m7b5	9
m7b5	m7	m7b5b9

Muy pronto, dejarás de tener que pensar en estas fórmulas porque las formas de acordes se convertirán en una segunda naturaleza y aparecerán mágicamente en el diapasón de la guitarra frente a ti. El objetivo final es ser capaz de ver el diapasón simplemente como intervalos de cualquier nota fundamental. Esto ocurre mucho más rápido de lo que esperarías, sobre todo cuando se trabaja con este tipo de sustituciones.

Practica sobre acompañamientos improvisados de acordes estáticos, por ejemplo, practica tocando voicings de F#m7b5 sobre un acompañamiento improvisado de 32 compases de D7 para crear un sonido D9. No lo compliques y trabaja en un tipo acorde a la vez. Recuerda que una vez que conozcas los patrones, estas sustituciones funcionarán de la misma manera en todas las tonalidades, y el secreto para hacer que funcionen es usar voicings de acordes de registro alto.

Conclusiones e introducción a la segunda parte

La primera parte de esta serie ha cubierto una gran cantidad de material armónico, desde los conceptos básicos de cómo se forman los acordes comunes hasta llegar a algunos conceptos importantes de sustitución.

Lo que quiero que te lleves de la primera parte (¡aparte de un vocabulario de acordes muy mejorado!) es la información conceptual contenida aquí.

Has aprendido cómo formar, tocar y aplicar todas las estructuras de acordes comunes en la música contemporánea, y espero que si surge algo que no hayas visto antes, puedas volver a los principios básicos con el fin de construir rápidamente un voicing útil. Recuerda que si tienes dudas en una situación en vivo siempre puedes confiar en tocar sólo la tríada correcta si no tienes el voicing de acorde completo ya dominado. Si es *realmente* difícil, está bien quedarse afuera por un compás; ¡todos lo hemos hecho!

La primera parte se ha centrado en el desarrollo de una excelente base en los fundamentos. Has aprendido un mínimo de tres voicings de posición fundamental de cada acorde discutido en el libro. Puedes tocarlos con las fundamentales en las cuerdas 6ta, 5ta y 4ta. Estos te llevarán a través de prácticamente cualquier concierto. Igualmente importante, ahora tienes una comprensión de cómo se forman los acordes y cuáles notas puedes omitir en estructuras complejas.

Lo más importante que puedes hacer ahora es interiorizar esta información. La forma más rápida de hacerlo es simplemente tocando. Consigue un ejemplar de *The Real Book* y empieza a tocar algunas canciones. Aprenderás mucho sobre la música muy rápidamente. Experimenta cambiando las calidades de los acordes. Si ves un acorde m7, trata de cambiarlo a un m6, m9 o un m6/9. Aprenderás inmediatamente a reconocer cuándo se pueden aplicar estas sustituciones.

Acerca de la Segunda parte

En la Segunda parte de la serie, nos fijamos en conseguir ser más artísticos y musicales con la forma en que elegimos tocar las estructuras de acordes importantes presentadas en este libro. Vamos a dar una mirada exhaustiva a los voicings de acordes avanzados, inversiones y sustituciones.

La forma en que un acorde es dispuesto en un instrumento tiene un impacto enorme en su sonido. En la primera parte, hemos aprendido que un acorde de 7ma se construye apilando los grados fundamental, 3ro, 5to y 7to. El acorde de Cmaj7 puede escribirse así:

Sin embargo, las notas no tienen que ser tocadas en este orden. El acorde se puede *invertir* de manera que una nota diferente esté en el bajo.

Al elevar la nota del fondo (la fundamental) del acorde por una octava, la nota más baja (la 3ra) se convierte en el bajo.

Cmaj7

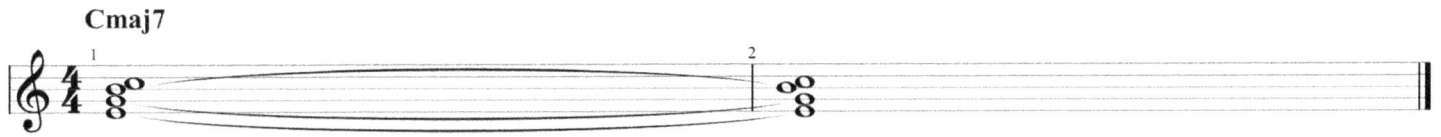

Este voicing de acorde es todavía un Cmaj7, pero debido a la inversión diferente de las notas tiene una calidad musical diferente.

Como hay cuatro notas en el acorde, se puede invertir cuatro veces (incluido el voicing de posición fundamental):

Cmaj7   (1st inversion)   (2nd inversion)   (3rd inversion)

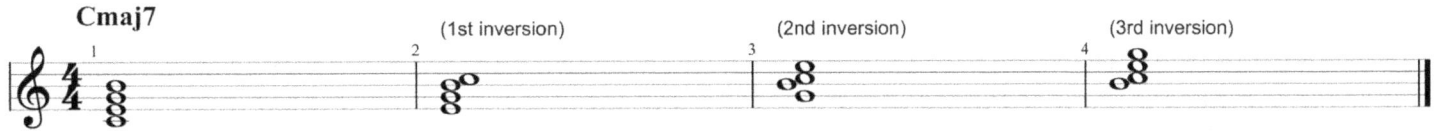

Cada una de estas inversiones es un voicing legítimo de un acorde Cmaj7 y cada uno tiene un sabor ligeramente diferente.

Mientras que los voicings anteriores no son necesariamente útiles para tocar en la guitarra, es muy importante conocer este principio de inversiones porque son maneras muy útiles e importantes para estructurar y disponer todos los acordes de 7ma mediante la aplicación del concepto de "voicings drop".

La estructura de acordes más común tocada en la guitarra de jazz es el voicing "drop 2". Es creado por dejar caer la segunda nota más alta del acorde hacia abajo una octava. Se dispone así:

Cmaj7

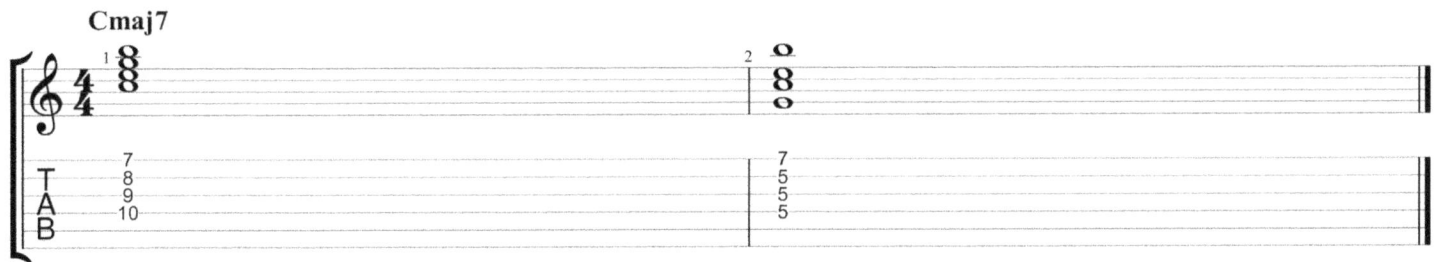

El segundo acorde en el diagrama anterior es un acorde Cmaj7 de posición fundamental tocado como un voicing "drop 2".

Hay cuatro inversiones del acorde Cmaj7 de posición fundamental, y cada uno se puede tocar como un acorde "drop 2". Observa en el ejemplo anterior que este acorde está dispuesto sólo en las cuatro cuerdas más altas de la guitarra. Estos acordes de cuatro cuerdas pueden ser transferidos a los grupos de cuerdas 2da a 5ta y 3ra a 6ta.

Esto da un total de doce formas de acordes en la guitarra para disponer estos acordes "drop 2". Otros tipos de acordes que se enseñarán son los voicings "drop 3" y voicings "drop 2 drop 4".

Esto puede parecer desalentador, pero si alguna vez has escuchado a intérpretes de melodías de acordes de la guitarra jazz como Joe Pass, y te has preguntado de dónde vienen todos esos bellos acordes, este tipo de estudio es el mejor lugar para empezar a investigar su dominio de la guitarra.

Hay una manera muy útil y estructurada para aprender todos estos voicings, y te la voy a enseñar en la segunda parte de esta serie. No todos los tipos de acordes en todos los voicings van a ser útiles, y saber qué vías seguir y cuáles evitar te ahorrará horas en la sala de ensayo.

El resultado de este tipo de estudios es que vas a ganar un dominio completo sobre el diapasón y serás capaz de disponer bellos y complejos acordes con facilidad y precisión. Yo personalmente pasé años aprendiendo a hacer solos en la guitarra del jazz, pero lo que realmente me ayudó a entender el diapasón fue aprender estos increíbles voicings.

La Segunda parte también entra en mucho más detalle sobre la aplicación práctica de las sustituciones de acordes. En la Primera parte hemos cubierto los conceptos básicos de sustitución diatónica de acordes. Esto se ampliará y se aplicará musicalmente utilizando los voicings "drop" descritos anteriormente. Debido a que vamos a tener muchos más voicings de acordes para elegir, será fácil crear algunos bellos acordes complejos, simplemente mediante el uso de las estructuras que ya conocemos. Se darán, como siempre, muchos ejemplos musicales grabados.

En la Segunda parte, también vamos a ver sustituciones "no diatónicas". La idea es, una vez más, utilizar las estructuras de 7ma que ya conocemos para crear acordes con extensiones cromáticas o "alteradas". Esta técnica se aplica con mayor frecuencia a los acordes dominantes funcionales para añadir tensiones cromáticas como se describe en el capítulo 7, y es similar a las ideas de sustitución disminuida del capítulo 8. Al conocer cómo sustituir voicings de 7ma simples por acordes dominantes, es fácil crear texturas dominantes alteradas ricas y complejas.

La segunda parte de *Acordes de guitarra en contexto* te enseña cómo mejorar tus habilidades de acordes de forma rápida, sistemática y musicalmente. Sin duda va a desbloquear el diapasón de la guitarra para ti.

Guía rápida de acordes de referencia

Tipo de acorde	Construcción	Notas frecuentemente omitidas en la guitarra
Mayor (Maj)	1 3 5	
Menor (Min)	1 b3 5	
Disminuido - Dim (mb5)	1 b3 b5	
Aumentado - Aug (Maj#5)	1 3 #5	
Maj7	1 3 5 7	
Min7	1 b3 5 b7	
7	1 3 5 b7	
m7b5	1 b3 b5 b7	
Dim7	1 b3 b5 bb7	
m(Maj7)	1 b3 5 7	
m(Maj9)	1 b3 5 7 9	5
Maj9	1 3 5 7 9	5

Tipo de acorde	Construcción	Notas frecuentemente omitidas en la guitarra
m9	1 b3 5 7 9	5
9	1 3 5 b7 9	5
m7b9b5	1 b3 b5 b7 b9	1
m9b5	1 b3 b5 b7 9	1
Maj11	1 3 5 7 9 11	3, 9
Maj7sus4	1 5 7 11	
m11	1 b3 5 b7 9 11	1, 5, 9
11	1 3 5 b7 9 11	1, 5, 9
m11b9b5	1 b3 b5 b7 b9 11	1, b5, b9
Maj13	1 3 5 7 9 11 13	1, 9, 11
Maj13sus4	1 4 5 7 9 11 13	1, 5, 9, 11
m13	1 b3 5 b7 9 11 13	1, 5, 9, 11
13	1 3 5 b7 9 11 13	1, 11
7 alt	1 3 5 b7 + Cualquiera de b9 #9 b5(#11) #5(b13)	1, 5

Otros libros del mismo autor

Guía completa para tocar guitarra blues – Libro 1: Guitarra rítmica

Guía completa para tocar guitarra blues – Libro 2: Fraseo melódico

Guía completa para tocar guitarra blues – Libro 3: Más allá de las pentatónicas

Guía completa para tocar guitarra blues – Compilación

El sistema CAGED y 100 licks para guitarra blues

Cambios fundamentales en guitarra jazz: ii V I mayor

Dominio del ii V menor para guitarra jazz

Solos de jazz blues para guitarra

Escalas de guitarra en contexto

Acordes de guitarra en contexto – Parte 1

Dominio de los acordes en guitarra jazz (Acordes de guitarra en contexto – Parte 2)

Técnica completa para guitarra moderna

Dominio de la guitarra funk

Teoría, técnica y escalas – Compilación completa para guitarra

Dominio de la lectura a primera vista para guitarra

El sistema CAGED y 100 licks para guitarra rock

Guía práctica de la teoría musical moderna para guitarristas

Lecciones de guitarra para principiantes: Guía esencial

Solos en tonos de acorde para guitarra jazz

Guitarra rítmica en el heavy metal

Guitarra líder en el heavy metal

Solos pentatónicos exóticos para guitarra

Continuidad armónica en guitarra jazz

Solos en jazz – Compilación completa

Compilación de acordes para guitarra jazz

Fingerstyle en la guitarra blues

Solos en rock melódico para guitarra

Pop y rock para ukulele: Rasgueo